Chinese Modernization
and the Healthy Development of the Private Economy

中国式现代化
与民营经济健康发展

章晓洪

焦长勇　　主编

张少龙

北京时代华文书局

图书在版编目（CIP）数据

中国式现代化与民营经济健康发展 / 章晓洪，焦长勇，张少龙主编 . -- 北京：北京时代华文书局 , 2024.7

ISBN 978-7-5699-5521-7

Ⅰ.①中… Ⅱ.①章… ②焦… ③张… Ⅲ.①现代化建设－关系－民营经济－经济发展－研究－中国 Ⅳ.① D61 ② F121.23

中国国家版本馆 CIP 数据核字 (2024) 第 106110 号

ZHONGGUOSHI XIANDAIHUA YU MIEYINGJINGJI JIANKANGFAZHANG

出 版 人：陈 涛
总 策 划：张少龙
统筹监制：宋启发
责任编辑：樊艳清
装帧设计：程 慧 赵芝英
责任印制：刘 银 訾 敬

出版发行：北京时代华文书局 http://www.bjsdsj.com.cn
　　　　　北京市东城区安定门外大街 138 号皇城国际大厦 A 座 8 层
　　　　　邮编：100011　电话：010-64263661 64261528

印　　刷：三河市嘉科万达彩色印刷有限公司
开　　本：710 mm×1000 mm 1/16　　　　成品尺寸：170 mm×240 mm
印　　张：16.5　　　　　　　　　　　　字　　数：150 千字
版　　次：2024 年 7 月第 1 版　　　　　印　　次：2024 年 7 月第 1 次印刷
定　　价：89.00 元

前　言

一、中国式现代化是几代中国人的夙愿和期盼

近代中国现代化的诉求，源起于鸦片战争。清政府的积弱积贫，使中华民族落入最危险的时刻。大批的仁人志士抛头颅、洒热血，前仆后继，英勇奋斗，探索中国现代化的进程。那个年代的先进分子积极学习西方，模仿西方，推行洋务运动，实施戊戌变法，掀起辛亥革命，希望走出一条中国现代化强国之路。

中国共产党成立后，以马克思列宁主义为指引，立足中国革命实际，领导全国人民取得了新民主主义革命的胜利，为开辟中国式现代化道路创造了政治前提。新中国成立后，"四个现代化"这一概念作为一种战略规划和目

标被提出来，1956年"四个现代化"写入党章。党的十一届三中全会，确立了以经济建设为中心的基本路线，为社会主义现代化建设指明了正确的方向。1979年，邓小平首先提出，"要适合中国情况，走出一条中国式的现代化道路"。党的十八大以来，在总结现代化建设的探索过程和经验的基础上，对如何实现中国式现代化作出了系统的谋划，总结了中国式现代化的新经验，开辟了中国式现代化的新道路。

党的二十大报告明确指出：中国式现代化，是中国共产党领导的社会主义现代化，既有各国现代化的共同特征，更有基于自己国情的中国特色。中国式现代化是人口规模巨大的现代化，是全体人民共同富裕的现代化，是物质文明和精神文明相协调的现代化，是人与自然和谐共生的现代化，是走和平发展道路的现代化。

可见，全面建设社会主义现代化国家是新中国几代人的夙愿和期盼，凝结着中国人民的奋斗汗水，寄托着中华民族伟大复兴的梦想。同时，中国式现代化，是中国共产党和中国人民在把握人类社会发展规律的基础上，摒弃了西方式现代化的发展模式，创新性地探索出的一条实现现代化的新道路。

在中国式现代化进程中，人民是中国式现代化的主体。中国式现代化是亿万人民自己的事业，紧紧依靠人民，尊重人民的创造精神，汇集全体人民的智慧和力量，才能推动中国式现代化不断向前发展。

推进中国式现代化是新时代中国最大的政治，在党的统一领导下，团结最广大人民，聚焦经济建设这一中心工作和高质量发展这一首要任务，把中国式现代化宏伟蓝图一步步变成美好现实。

二、民营经济是推进中国式现代化的生力军

改革开放以来，以民营企业为主体的非公有制经济，作为我国经济的重要组成部分和推进中国式现代化进程的重要力量，在促进经济增长、促进贸易、改善民生，调动全社会的劳动积极性、激发人民群众创新活力上发挥着重要作用，是中国经济中最活跃的部分，是中国经济中的重要的财富创造者。并且，作为出口贸易中最主要的发力者，民营经济为国际国内双循环提供强有力的支撑和保障。促进民营经济等非公有制经济的发展能显著提高全社会资本效率和生产要素率的提高。

根据国家统计局资料显示，2012 年至 2022 年，（1）民营企业的税收占比从 48% 提升到 59.6%；（2）私营工业企业吸纳就业占比 从 32.1% 提高到 48.3%；（3）民营企业数量占比从 79.4% 增长到 93.3%；（4）2022 年民营企业外贸占比高达 50.9%。另外，全国工商联发布的 2022 中国民营企业 500 强榜单显示，500 强企业的营业总收入达 38.32 万亿元，入围门槛为 263.67 亿元。民营企业对中国经济增长的贡献巨大。有民营经济的"五、六、七、八、九"的说法，即民营企业在我国企业中占比 90%，贡献了 80% 以上的城镇就业、70% 以上的技术创新成果、60% 以上的 GDP、50% 的税收。

民营经济占据国内生产总值半壁江山，成为推动经济增长的重要力量，

是推进中国式现代化的生力军，是高质量发展的重要基础，是推动我国全面建成社会主义现代化强国、实现第二个百年奋斗目标的重要力量。

三、"两个健康"是党和政府一以贯之的要求

有关非公有制经济健康发展的提法，最早见于 1982 年 2 月中共中央办公厅、国务院办公厅将中国民主建国会、中华全国工商业联合会《关于执行〈关于广开门路，搞活经济，解决城镇就业问题的若干决定〉的几点意见》转发中央统战部时，提出的"要进一步调整政策，改革制度，以利于集体经济和个体经济的健康发展"。

2000 年 12 月，第十九次全国统战工作会议上，明确提出要"着眼于非公有制经济健康发展和非公有制经济人士健康成长，帮助他们树立在党的领导下走建设有中国特色社会主义道路的信念，做到爱国、敬业、守法，在加快自身企业发展的同时，也要开展'致富思源、富而思进'的活动，帮助更多的人走上富裕之路"。

2015 年 5 月以来，中央反复强调对非公有制经济人士既要关心支持，又要教育引导，并从"亲"和"清"两个方面，深刻阐述了构建新型政商关系的基本遵循。2018 年 11 月 1 日，在民营企业家座谈会上，习近平发表重要讲话，指出要"保护企业家人身和财产安全"，同时，希望广大民营经济人士加强自我学习、自我教育、自我提升，希望民营企业家"要珍视自身的社

会形象，热爱祖国、热爱人民、热爱中国共产党，践行社会主义核心价值观，弘扬企业家精神，做爱国敬业、守法经营、创业创新、回报社会的典范"，提出了民营企业"要练好企业内功，特别是要提高经营能力、管理水平，完善法人治理结构，鼓励有条件的民营企业建立现代企业制度"，"要拓展国际视野，增强创新能力和核心竞争力，形成更多具有全球竞争力的世界一流企业"等系列论述。

2023 年 7 月 14 日中共中央国务院发布的促进民营经济发展的"新 31 条"，系统且明确要求开展民营经济"两个健康"发展的系列方针和政策策略安排，给民营企业家送来一颗"定心丸"，为民营经济进一步发展注入了信心和动力。

从上述文献的核心关键词中，可以梳理、筛选和拟定出以民营经济为主要成分的非公有制经济"两个健康"的内涵和属性：一是"非公有制经济健康发展"主要体现在自觉践行新发展理念，深刻分析自身存在的不足和面临的挑战，调结构、促创新，转换增长动力，转变发展方式，坚守主业、做强实业，提升科技创新能力、推动数字化转型和技术改造，自觉走科学发展和高质量发展之路；二是"民营经济人士健康成长"则主要体现在拥护中国共产党领导，走中国特色社会主义道路，践行社会主义核心价值观，弘扬企业家精神，做爱国敬业、守法经营、创业创新、回报社会的典范，成为身心健康的、合格的中国特色社会主义事业建设者和共同富裕的时代新人。

多年来，"两个健康"成为非公有制经济领域统战工作的重要指导思想，是非公有制经济统战工作的重要主题，是改革开放以来党和政府一以贯之的基本要求。"两个健康"理论的提出和发展，使得民营经济领域统战工作的指导思想更加全面、完善，对于做好民营经济统战工作、巩固党执政的阶级基础和群众基础，扩大党执政的物质基础和政治基础，具有重大而深远的现实意义。

四、"两个健康"的标准建设与基本要求

根据 DB3303/T 031-2021 标准界定，民营经济，是指由"民"作为经营主体的经济体总称，包括私营经济、个体经济、集体经济等。民营经济健康发展是指民营经济在自身主体素质、内部资源配置、生产经营活动、外部环境影响及对环境的作用等方面都处于良好状态。

其中，《民营经济健康发展评价指标体系》分别设定为**经济活力、质效提升、创新驱动、结构优化、底线能力**五个维度共 35 项指标，而且均可从现行国家统计制度中采集梳理，便于进行实时监测分析和横向比较，可以全景式展现民营经济发展特点，全力打造可复制推广的"温州蓝本"。

这一标准体系是温州在创建新时代"两个健康"先行区过程中创出的一把"尺子"，不仅可以精准度量民营经济健康发展中存在的长短板，为企业家决策提供借鉴，还能便利政府主管部门及时掌握民营经济发展动态，从而精准施策，为政府评估相关民营经济政策的效用提供分析依据，成为帮扶民

营企业渡难关、开新局的重要手段。

根据 DB3303/T 032—2021 标准：民营企业家，指民营企业的法人代表或实际控制人；民营企业包括除国有和国有控股企业、外商和港澳台商独资及其控股企业以外的企业，根据浙江省统计局《调查单位基本情况统计报表制度》中关于企业控股情况指标确定。

民营企业家健康成长，指推动民营企业创新发展的核心人物，在民营企业经营发展过程中形成了正确的政治观，认同党和国家的思想政治理念，守法诚信，积极履行社会责任，在实现个人价值的同时为社会做出更多的贡献。本定义是根据世界卫生组织对"健康"的定义，即"一个人在身体、精神和社会等方面都处于良好的状态"（"社会"指个人对社会的适应），然后作为引申对"民营企业家健康成长"进行界定。

《民营企业家健康成长评价指标体系》通过民营企业家自身素质和民营企业家成长环境两个维度确立大的框架，下设爱国敬业、守法经营、创业创新、回报社会、法治环境、市场环境、社会环境和政务环境共 8 个一级指标及 13 个二级指标，将定性概念转化为可统计可分析的定量指标，实现对民营企业家评价的可量化、可筛选、可对标，对企业家及其主营企业情况进行"画像"，精准反映民营企业家健康成长情况。

这一评价体系，主要是给民营企业家做政治"画像"，是针对为民营企业家做政治评价难以量化的难题，让传统的"先选人后评价"做法转变为"全部综评后再按条件筛选人"，在工商联选人用人工作中提供一种参考。

浙江对民营经济"两个健康"建设的贡献，在全国具有显著的示范效应，并产生广泛的影响，取得一系列成效，全国许多地方都积极考察和借鉴浙江"两个健康"建设经验，推进在民营经济领域"两个健康"建设活动。

五、民营经济健康发展目标就是推进共同富裕实现中国式现代化

改革开放，首先让中国人民解决了温饱问题，上世纪末我国总体上建成了小康社会，之后经过 21 世纪前 20 年的努力，又实现了全面小康社会的目标。在走向全面小康的过程中，我国人均国民收入水平，先后跨过了下中等收入和上中等收入门槛，我国社会保障体系逐步健全，公共服务覆盖面逐步扩大、保障水平在逐步提高，人口受教育水平明显提升，预期寿命明显延长。

但是，我国在取得经济社会发展巨大成就的同时，收入分配差距经历了一个先拉大、后"高位"徘徊的过程，同时财富分配差距也逐步拉大，人均收入水平还需要有大的提高。在全面建成小康社会的新发展起点上，全体人民的共同富裕已经确立为我国重要的发展目标，因而需要继续做大蛋糕，并在此过程中更加公平合理地分配蛋糕，缩小城乡和区域发展差距。这是一项系统工程，需要动员全社会力量，付出艰苦的努力。

过去，民营企业作为建设中国特色社会主义的重要力量，在创造和扩大

就业机会、增加人民群众收入、增加政府税收方面创造了优良业绩，在技术创新、产业升级和经济持续发展等领域提供了强劲动能，为全面建设小康社会做出了重大贡献。

未来，实现全体人民的共同富裕，还需要更加倚重民营经济的大发展、大繁荣：一是持续推动转型升级、提高全员劳动生产率和居民收入水平，离不开民营经济；二是改善劳动者报酬占比低的初次收入分配结构、推进劳动报酬提高与劳动生产率提高基本同步，进而在提高总体富裕程度的同时提高发展成果的共享水平，离不开民营经济；三是创造高质量的就业岗位，并形成以中等收入群体为主体的橄榄型社会结构，离不开民营经济；四是面向共同富裕的长远目标，壮大再分配和三次分配可用财力，依然离不开民营经济的大发展。

为此，要创造条件，充分发挥民营经济在推进高质量发展中的巨大潜力，使之在以共同富裕为特征的中国式现代化新征程中做出更大贡献：一要要切实落实基本经济制度，以长期主义态度落实"两个毫不动摇"；二要继续深化改革开放，培育新质生产力，加快构建高水平社会主义市场经济体制；四要改进政策动议、协调和实施机制，要在高质量发展中促进共同富裕。应当汲取经验教训，改进政策设计，加强部门协调，把握好政策的综合效应显现的方向、力度和节奏；五要正确认识推动共同富裕，鼓励企业"办好自己的事"。企业家为共同富裕做贡献有多种渠道和方式，最基本的就是要做到合法诚信经营，照章纳税，履行社会责任，善待员工和客户，保护劳动者和消费者的合法权益，办好自己的企业，为社会创造财富，这是企业的"本分"，也是为共同富裕做贡献的"正道"。同时，国家鼓励、支持企业和企业家在有意愿、有能力的情况下积极参与公益慈善事业，这在客观上也会起到改善第三次分配的作用。

（此文曾发表于《中国工商》2023年第9期，作者章晓洪、焦长勇、张少龙，代为序）

目　录

| 走出国门

| 宏伟愿景

宏观背景

Chinese Modernization
and the Healthy Development of the Private Economy

第一章
民营经济健康发展是中国式现代化选择

第一节　中国式现代化的基本内容与特征

党的二十大报告提出了一个中心任务，就是以中国式现代化全面推进中华民族的伟大复兴。报告全面阐释了中国式现代化的中国特色、本质要求、战略安排、目标愿景、重大原则等理论和实践问题，标志着中国式现代化理论更加系统完整，中国式现代化道路成熟成型。

中国式现代化具有五个方面的中国特色，即人口规模巨大的现代化、全体人民共同富裕的现代化、物质文明和精神文明相协调的现代化、人与自然和谐共生的现代化、走和平发展道路的现代化。

中国式现代化以实现 14 亿多人的现代化为根本旨归，寻求人与自然、人与人、人与社会的全方位和解与和谐，具有普惠性、共享性、全面协调性、可持续性、互利性特征，凸显了社会主义现代化的优越性。

一、显著特征：中国式现代化是人口规模巨大的现代化

"人口规模巨大"是中国的基本国情，体现了社会主义现代化的普惠性特征。在拥有庞大人口数量的中国实现现代化，需要把握如下几点。

第一，把握"一个必须坚持"和"两个毫不动摇"。"一个必须坚持"是指必须坚持社会主义基本经济制度。社会主义基本经济制度，是我们在探索中国式现代化道路上确立的一项经济制度。"两个毫不动摇"是指毫不动摇巩固和发展公有制经济，毫不动摇鼓励、支持、引导非公有制经济发展。坚持"两个毫不动摇"，既不能只发展公有制经济，也不能将所有的公有制经济变为非公有制经济。"鼓励、支持、引导"这六个字对于发展非公有制经济十分重要，缺一不可。我们要引导非公有制经济沿着正确的方向有序发展。

第二，坚定不移走社会主义市场经济之路。把"社会主义"加在市场经济前面是有明确作用的，是用来规范我国市场经济秩序的。我们不能把社会主义市场经济简单等同于西方的市场经济。要准确把握社会主义市场经济体制的本质特征，就要先理解"两个发挥"，即要充分发挥市场在资源配置中的决定性作用，同时还要更好发挥政府作用，加快完善社会主义市场经济体制机制。

第三，建立独立的完整的现代化的国民经济体系。 中国是个人口规模巨大、幅员辽阔的国家，在实现中国式现代化的过程中，不能像一些国家一样，"一招鲜吃遍天"。我们必须建立独立的完整的现代化的国民经济体系。改革开放前，我们就建立了独立的比较完整的工业体系和国民经济体系，为新中国的经济独立和国防安全提供了物质保障。改革开放40余年来，党中央高度重视招商引资、大力发展制造业和实体经济，采取了一系列重大举措。当前，我国制造业总量已经多年位列全球首位，制造业的31个大类、工业的207个中类和666个小类都是齐全的，这在全世界是独有的。在推进中国式现代化的过程中，要继续巩固制造业的优势，还要加快构建以国内大循环为主体、国内国际双循环相互促进的新发展格局。

第四，必须实现高水平科技自立自强。 实现高水平科技自立自强是推进中国式现代化的必然要求之一。我们的制造业要向高端化发展，我们的科技就要进步，技术就要创新。比如高端芯片，美国每年宁可损失几百亿的销售收入也不卖给我们。所以，关键核心技术必须牢牢掌握在自己手里。

第五，必须实施乡村振兴战略。 "没有农业强国就没有整个现代化强国；没有农业农村现代化，社会主义现代化就是不全面的"。所以，实施乡村振兴战略是中国式现代化的必由之路。

最后，必须坚持中国共产党领导、坚持中国特色社会主义、发展全过程人民民主。 实现如此庞大人口体量的现代化，没有现成道路可复制、没有成熟经验可借鉴、没有外部力量可依赖，艰巨性和复杂性前所未有。因此，必须有一个强大的领导力量引领中国的现代化向前发展。中国共产党是具备成熟政治领导力、思想引领力、群众组织力、社会号召力的强大政治力量。更重要的是，中国共产党能够最大程度地代表最广大人民群众的利益，最大限度地协调好社会成员之间的利益关系，最大范围地汇聚力量、凝聚共识，为社会主义现代化注入持续发展的动力、提供精神支撑和智力支持。

在如此庞大人口体量的国家进行现代化建设，必须坚持走中国特色社会主义道路，充分发挥社会主义的制度优势，注重统筹兼顾，协调处理好现代化建设各方面各领域的关系。

中国式现代化是14多亿人都受益的普惠性现代化，推进中国式现代化必须发展全过程人民民主，坚持人民主体地位、充分体现人民意志、保障人民权益、调动人民的创造热情和创新活力。在全面建设社会主义现代化国家的新征程上，要提高深度协商互动、意见充分表达、广泛凝聚共识水平，找到全社会意愿和要求的最大公约数，使全面建成社会主义现代化强国成为亿万人民的共同事业，为社会主义现代化建设集思广益、凝心聚力，激发亿万人民为社会主义现代化团结奋斗、勇毅前行的积极性、主动性和创造性，让亿万人民共享现代化发展成果。

二、本质特征：中国式现代化是全体人民共同富裕的现代化

"全体人民共同富裕"既是中国式现代化的中国特色，也是推进和拓展

中国式现代化必须遵循的本质要求，体现了社会主义现代化的共享性特征。共同富裕"不是少数人富起来、大多数人穷，而是先富带后富，最终实现共同富裕"。这是中国特色社会主义的本质要求，也体现了发展社会主义的目的和价值。

实现共同富裕是一个长期的历史过程，是中国共产党人的不懈追求。要坚持把实现人民群众对美好生活的向往作为现代化建设的出发点和落脚点，着力维护和促进社会公平正义，着力促进全体人民共同富裕，坚决防止两极分化。

实现全体人民共同富裕最鲜明地体现了社会主义现代化超越资本主义现代化的优越性。资本主义血淋淋的逐利本质必然导致两极分化，并成为资本主义本身固有的、无法彻底解决的社会问题。资本主义也会通过采取调节税收、提高社会保障水平等一系列财政和福利政策缓解两极分化的极化程度、缓和阶级和社会矛盾，但在垄断资本利益的制约下，社会两极分化问题不可能从根本上得到解决。而社会主义现代化天然蕴含着共富共享的价值追求，根本决定了社会财富的创造、流向和分配由人民当家做主。要全面建设社会主义现代化，应始终坚持把为人民谋幸福、为民族谋复兴作为现代化建设的出发点和落脚点，正确处理好公平和效率的关系，让不同人群的收入差距处在一个合理的状态。坚持发展为了人民、发展依靠人民、发展成果由人民共享，着力维护和促进社会公平正义，推动全体人民共同富裕取得更为明显的实质性进展。

三、崇高追求：中国式现代化是物质文明和精神文明相协调的现代化

"物质文明和精神文明相协调"要求实现高质量发展，在促进共同富裕的同时，丰富人民群众精神世界，体现了社会主义现代化的全面协调性特征。中国式现代化着力促进全体人民共同富裕，实现人民群众物质生活和精神生活都富裕。为此，一方面，要完整、准确、全面贯彻新发展理念，加快构建新发展格局，实现高质量发展，不断夯实中国式现代化共同富裕的物质基础。另一方面，要大力发展社会主义先进文化，要防范中国文化衰落、社会道德滑坡、国家精神堕落。要培育和践行社会主义核心价值观。要在全社会树立和倡导正确的理想、信念，树立正确的世界观、人生观、价值观，引导人们积极向上向善。要加强社会主义道德建设，引领人们在追求利益的过程中，行为既要符合法律要求，又要符合道德要求。要传承中华文明，促进文化自信自强与开放包容相互协调，把弘扬中华优秀传统文化与推动科技创新相互融合，不断彰显中国精神、中国智慧和中国力量，为中国式现代化提供强大思想引领力、文化凝聚力和精神推动力，努力在实现物质文明高度发达的同时，也实现精神文明的高度发达。

四、鲜明特点：中国式现代化是人与自然和谐共生的现代化

"人与自然和谐共生"要求尊重自然、顺应自然、保护自然，体现了社会主义现代化的可持续性特征。党的二十大报告指出，"中国式现代化是人与自然和谐共生的现代化。人与自然是生命共同体，无止境地向自然索取甚至破坏自然必然会遭到大自然的报复。我们坚持可持续发展，坚持节约优先、保护优先、自然恢复为主的方针，像保护眼睛一样保护自然和生态环境，坚定不移走生产发展、生活富裕、生态良好的文明发展道路，实现中华民族永续发展"。

依靠对自然的攫取和掠夺来实现发展的方式，竭泽而渔式的、"先污染后治理"或"边污染边治理"的发展方式已经造成了一系列严重的全球性问题，给人类带来了深刻的生存危机。

国际社会先后通过了《联合国人类环境会议宣言》《里约环境与发展宣言》《21世纪议程》《京都议定书》《巴黎协定》等，中国也顺应全球应对气候变化行动作出安排，提出《中国21世纪议程》，开始实现从强调人对自然的征服和索取到强调人与自然平等对话、协调发展的转变。

五、突出特征：中国式现代化是走和平发展道路的现代化

"走和平发展道路"要求推动构建人类命运共同体，创造人类文明新形态，体现了社会主义现代化的互利性特征。

党的二十大报告指出，"中国式现代化是走和平发展道路的现代化。我国不走一些国家通过战争、殖民、掠夺等方式实现现代化的老路，那种损人利己、充满血腥罪恶的老路给广大发展中国家人民带来深重苦难"。

对内剥削掠夺、对外殖民移民是西方早期现代化过程的显著特征。西方的殖民扩张和掠夺，发展至今，虽不会像早期那样赤裸裸、血淋淋，貌似温情脉脉了一些，但本质并未改变。这种现象造成了国际社会先进与落后、中心与边缘、剥削与被剥削、压迫与被压迫的关系和长期的敌对与仇视。

中国式现代化坚持走和平发展道路，与欧美发达国家的现代化之路有本质区别。中国式现代化顺应了和平发展的世界大势、世界多极化趋势和全面建设社会主义现代化国家的客观需要，同时也是中国政府和中国人民为了实现中华民族伟大复兴，扎根中国悠久深厚的和平主义文化传统、基于反对侵略扩张的一贯政治主张，致力于既通过维护世界和平发展自己，又通过自身发展维护世界和平的双赢目标而作出的主动选择。

当前，世界百年未有之大变局加速演进，建设持久和平、共同繁荣的世界是各国人民的共同愿望。中国将始终坚定站在历史正确和人类文明进步的一边，始终做世界和平的建设者、全球发展的贡献者、国际秩序的维护者、全球公共产品的提供者，高举和平、发展、合作、共赢旗帜，在坚定维护世界和平与发展中谋求自身发展，又以自身发展更好维护世界和平与发展。

推进中国式现代化同时也是创造人类文明新形态的过程。中国人民依靠自己的能力，通过艰苦奋斗，在科技和经济发展领域取得了许多伟大成就。这些中国式现代化成就，"深深植根于中华优秀传统文化，体现科学社会主义的先进本质，借鉴吸收一切人类优秀文明成果，代表人类文明进步的发展方向，展现了不同于西方现代化模式的新图景，是一种全新的人类文明形态"，开辟了人类文明新道路。中国式现代化从促进人类文明发展的高度彰显了中国特色和社会主义本质要求，创造出人类文明新形态。中国式现代化打破了发展中国家长期以来被灌输的"现代化＝西方化"的思维定式，丰富了发展中国家走向现代化的路径选择，为人类对更好社会制度的探索提供了中国方案。

第二节　中国式现代化转型带来的机遇

一、城镇化

我国的城镇化严重滞后于工业化、信息化。城镇化转型的第一个面向是创新，这是现代化的第一动力，要从要素驱动和投资规模驱动发展为主，转向以创新驱动发展为主。

在中国的现代化进程中，城镇化是一个重要的方面。然而，我国的城镇化滞后于工业化、信息化。这意味着在城市化的过程中，没有充分利用技术和信息来推动发展。解决这个问题的第一个办法是创新。创新是现代化的第一动力，它涉及科技、经济、社会和文化等多个领域。通过创新，可以提高城市的竞争力，吸引更多的人才和资本，促进产业升级和经济社会发展。在过去的几十年中，我国的城市化主要依赖于要素驱动和投资规模驱动，这在一定程度上促进了城市化的快速发展。然而，这种发展方式已经不再适应当前的经济形势和社会需求。因此，需要转向以创新驱动发展，通过提高科学技术含量和创新能力来推动城市化进程。具体而言，创新可以包括技术创新、管理创新、商业模式创新等多个方面。例如，在技术创新方面，可以引进先进的科技和设备，提高城市发展的科技支撑能力；在管理创新方面，可以借鉴国内外先进的管理经验和方法，提高城市的管理效率；在商业模式创新方面，可以通过探索新的商业模式，促进城市经济的转型升级。总之，城镇化转型需要从要素驱动、投资规模驱动转向以创新为主驱动发展。通过创新，可以提高城市的竞争力、吸引更多的人才和资本、促进产业升级和经济发展。这对于推动中国式现代化进程具有重要意义。

二、有效市场 + 有为政府 + 有爱社会

"有效市场 + 有为政府 + 有爱社会"是中国式现代化的一个重要特征，它指的是在市场经济条件下，政府和社会应该共同发挥好各自的作用，促进市场的有效运行和发展。

首先，有效市场是市场经济的基础。在有效市场中，价格能够充分反映商品供求关系和稀缺程度，市场机制能够充分发挥作用，促进资源的优化配置和经济的可持续发展。同时，有效市场也要求市场主体具有自主决策、平等竞争和承担风险的能力，享有良好的法制环境和信用体系。

其次，有为政府是指在市场经济中，政府应该发挥重要的调节、保障作用，弥补市场不足、防止市场失灵。政府的作用包括提供公共产品和服务、保护知识产权和维护公平竞争、调节收入分配和促进社会和谐等。同时，政府还应该加强监管和调控，防范经济风险、应对经济危机，确保市场稳定和

健康发展。

最后，有爱社会是指在社会领域中，应该注重人与人之间的情感联系、提倡互助精神，营造和谐、友善、互助的社会氛围。这包括尊重人权和尊严、关注弱势群体、促进公平正义、推动文化教育等方面的进步等。有爱社会需要政府、企业和个人共同努力来建设，通过倡导社会主义核心价值观、建设公益事业、加强社区治理等方式来实现。

在中国式现代化中，"有效市场＋有为政府＋有爱社会"是一个相互依存、相互促进的有机整体。有效市场是基础，有为政府是保障，有爱社会是目标。通过这三者的协同作用，可以推动中国经济的持续发展和社会的全面进步。

三、人与自然和谐共生

人与自然和谐共生是中国式现代化的一个重要特征，也是它的鲜明底色。在实现中国式现代化的过程中，需要采取一系列措施来保护环境、减少污染、促进可持续发展。解决碳排放问题是全球面临的重大挑战，也是重大发展机遇。为了实现碳中和目标，需要从过多依赖化石能源消耗的格局转向更多依靠可再生能源供给。

化石能源是一种不可持续的能量来源，过量消耗化石能源不仅会对环境造成严重的破坏，还会导致气候变化等全球性问题。因此，推动能源转型、发展可再生能源是实现可持续发展的必然选择。在中国，已经采取了一系列措施来推动能源转型和实现碳中和目标。例如，加强了能源结构的调整，加大了对清洁能源的投资和开发力度，推进了新能源汽车的普及等。这些措施不仅有助于减少污染和保护环境，还有助于提高能源安全性和促进经济发展。

在实现能源转型和碳中和目标的过程中，还需要加强科技创新和政策引导。例如，可以通过研发更高效、更环保的能源技术和设备，提高能源利用效率；还可以通过制定更加严格的环保政策和标准，加强对企业的监管和管理。

总之，推动能源转型和实现碳中和目标是中国式现代化的重要任务之一。通过采取一系列措施，可以实现人与自然和谐共生，促进经济、社会和环境的可持续发展。

四、发展与安全

中央反复强调了安全对于发展的重要性，以及统筹发展和安全的重要性。只有在安全的环境下，才能够实现更好的发展。同样，只有通过发展，才能够提高国家的综合实力和竞争力，从而更好地保障国家的安全。发展和安全是相互依存、相互促进的。

一方面，只有在一个安全的环境下，才能够安心地发展经济、改善民生、推进改革。另一方面，只有通过持续的发展，才能够提高国家的经济实力和综合国力，从而更好地保障国家的安全。在实现中华民族伟大复兴的征程中，统筹发展和安全至关重要。我们应该始终坚持"安全第一、预防为主"的原则，加强风险评估和预警，及时发现和解决各类安全隐患和问题。同时，我们也应该积极推进经济转型升级和高质量发展，加强科技创新和人才培养，提高国家的核心竞争力和国际影响力。总之，发展和安全是相互依存、相互促进的。只有在统筹发展和安全的基础上，才能够实现更为安全的发展，为中华民族的伟大复兴提供坚实的保障。

五、中国式现代化为世界带来重大机遇

中国式现代化是中国共产党领导的社会主义现代化，它既具有各国现代化的共同特征，又具有基于自己国情的中国特色。这种现代化模式坚持把马克思主义基本原理同中国现代化具体实际相结合，同中华优秀传统文化相结合，体现了中国共产党的执政理念和社会主义的建设规律。

中国式现代化以实现全体人民共同富裕为目标，注重物质文明和精神文明相协调，促进人与自然和谐共生，走和平发展道路。这种现代化模式借鉴吸收了人类一切优秀文明成果，既体现了中国的文化特色和历史传统，又具有世界性。中国式现代化对当今世界现代化模式具有示范性引领性意义。它开创了现代化模式的新图景，重塑了现代化建设的新格局，创造了人类文明

的新形态，开辟了社会主义发展的新境界。这种现代化模式不仅为中国未来的发展指明了方向，也为世界各国的现代化建设提供了借鉴和启示。总之，中国式现代化是一种具有重大理论意义和实践意义的现代化模式，它对世界现代化理论和实践的创新和发展作出了重要贡献。

第三节　中国式现代化需要创新发展

一、中国式现代化全面创新的内涵与本质

中国式现代化的全面创新既出于对中华文明历史的深刻总结，也出于对人类经济发展规律的深刻认识，具有鲜明特色和巨大创造力。为此，第一，深刻把握创新的"全面"内涵，强调不断推进理论创新、制度创新、科技创新、文化创新等各方面创新，这是对创新发展规律的深刻洞察和战略把握。第二，突出创新的"自主"本质，强调关键核心技术的自主创新和自主可控对国家发展的重要性，为彻底摆脱发展中大国经济"依附"、实现独立自主提供了根本遵循。第三，强调创新对发展的积极贡献，超越传统的对创新与经济增长的狭隘认识，创造性地将创新与实现生态文明、摆脱贫困、共同富裕等重大时代使命任务结合起来，为世界实现持久和平、普遍安全、共同繁荣、开放包容、清洁美丽提供了宝贵的思想源泉。

党的二十大报告首次将教育、科技、人才作为全面建设社会主义现代化国家的三大基础性、战略性支撑统筹部署、一体谋划，极富深意和新意，有利于增强科技第一生产力、涵养人才第一资源和更好激发创新第一动力，有利于实现科教兴国、人才强国、创新驱动发展三大战略的高效协同、系统集成，进而提升国家创新体系的整体效能，开辟新领域新赛道，塑造新动能新优势，助力创新型国家建设，为推动实现中国式现代化打造强劲引擎。推进中国式现代化，实现从世界最大的发展中国家迈向综合国力和国际影响力领先的社会主义现代化强国，赶超世界强国，必须着力提升国家创新体系整体效能。为此：

一要坚持人才引领驱动。创新顶尖人才引进、青年人才支持、基础学科拔尖人才培养方面的工作思路，形成有国际竞争力的人才制度，加快建设世界重要人才中心和创新高地，依托国家科研机构、高水平研究型大学、科技领军企业，打造战略科学家、卓越工程师、大国工匠等人才栖息地，促进人才的区域合理布局。

二要坚持教育优先发展。习近平总书记指出，重大原始创新成果往往萌发于深厚的基础研究，产生于学科交叉领域，大学在这两方面具有天然优势。要充分发挥高水平研究型大学的作用，加强基础学科、新兴学科、交叉学科建设，推进学科融合，强化人才自主培养能力，为聚引人才提供优良的事业平台。

三要坚持高水平科技自立自强，进一步健全新型举国体制，完善科技治理，形成具有全球竞争力的开放创新科技生态。

四要坚持创新驱动发展。推动创新链、产业链、资金链、人才链深度融合，加强企业主导的产学研深度融合，引导科学发现和技术发明从"星星之火"转向高技术产业化的"燎原之势"，让创新企业更好跨越"死亡之谷"和"达尔文之海"。

五要坚持通过制度创新为科技创新营造良好生态。我国不断加快科技体制改革步伐，坚持科技创新和制度创新"双轮驱动"，着力解决"谁来创新""如何激发创新动力"等问题，注重改革的系统集成，持续推出科研经费管理体制改革、科技成果转化机制改革、科技人才评价机制改革等一系列重大改革举措，推动形成充满活力的科技管理体制和运行机制。要不断优化人才发展的环境、提高服务水平，为人才营造更好的创新环境，使各类科技创新人才安心、幸福地从事科技创新工作。要继续探索"揭榜挂帅"的开放式创新机制，以高水平科研性能指标"揭榜"，以"英雄不问出身"推动"能者挂帅"，不断鼓励各类创新人才破除体制障碍脱颖而出，为实现我国高水平科技自立自强作出卓越贡献。

二、粤港澳大湾区创新体系建设实践

推是中国式现代化强国建设，需要特区先行、湾区探路，需要加强区域创新体系建设，打造具有国际竞争力的创新集群。10 年来，我国在世界知识产权组织全球创新排名中，从全球排名的 34 位上升至 2022 年的第 11 位，深圳—香港—广州在全球百强科技集群中位列全球第二、全国第一。区域先行带动全局是现代化发展的一般规律，粤港澳大湾区正加速迈向全球顶级科创湾区，是率先探索全面建设社会主义现代化强国新路径和新方略的探路"尖兵"。特别是深圳用 40 年时间走过了国外一些国际化大都市上百年走完的历程，是改革开放以来中国特色社会主义在一张白纸上的精彩书写，有望率先实现中国式现代化。

在新一轮科技革命和新型全球化背景下，将粤港澳大湾区建设成富有活力和国际竞争力的世界一流湾区，关键是要形成一个创新主体协同联动、创新要素集聚融合、创新体制机制高效灵活、创新环境优良宽松的区域创新生态系统。要深化粤港澳科技创新合作，推进河套等大湾区国际科技创新中心合作区建设，在重点领域和关键环节先行探索、积累经验，"以点带面"引领带动粤港澳全面深化合作。发挥香港"科技超级联系人"作用，推动国内创新成果和产品走向世界，以香港为窗口吸引全球创新成果来内地落地转化。促进高技术产业与科技金融深度融合，加强大湾区金融市场互联互通，大力发展 VC/PE 促进创新资本沉淀，形成创业、创新、创投"铁三角"，实现技术创新与金融创新"双轮驱动"。加速大湾区内人流、技术流、信息流和资金流的顺畅流动，实现相互赋能、优势互补、协同发展，把"一国两制"制度优势转化成创新发展的整体效能。

第四节　中国式现代化需激发民企活力

一、新时代现代化经济体系是现代化强国建设的基石

中国共产党制订的第二个百年的奋斗目标是建成现代化强国，而现代化强国的基石是现代化经济体系。"我国经济已由高速增长阶段转向高质量发展阶段，正处在转变发展方式、优化经济结构、转换增长动力的攻关期，建设现代化经济体系是跨越关口的迫切要求和我国发展的战略目标"。建设现代化经济体系，是我国经济进入高质量发展阶段的必然要求，是创造人民群众美好生活的必由之路。建设现代化经济体系，旨在解放和发展社会生产力，要坚持社会主义市场经济改革方向，加速各类现代化要素的投入和积累，全面释放改革红利，激发全社会创造力和发展活力，不断增强我国经济创新力和竞争力，努力实现更高质量、更有效率、更加公平、更可持续的发展。

贯彻新发展理念，建设现代化经济体系，要重视五个方面的工作：坚守"一个基本方针"即质量第一、效益优先；贯彻"一条主线"即以供给侧结构性改革为主线；推动"三个变革"即推动经济发展质量变革、效率变

革、动力变革；明确"一项重点"即提高全要素生产率；抓好"两个着力点"，即着力加快建设"四位一体"的产业体系（实体经济、科技创新、现代金融、人力资源协同发展的产业体系），着力构建"三有"的经济体制（市场机制有效、微观主体有活力、宏观调控有度的经济体制）。推出了深化供给侧结构性改革、深化科技体制改革、深化农村土地制度改革、深化农村集体产权制度改革、深化国有企业改革、深化商事制度改革、深化投融资体制改革、深化税收制度改革、深化金融体制改革、深化利率和汇率市场化改革等十项改革措施；明确了加快建设制造强国、加快发展先进制造业的系统规划；推动互联网、大数据、人工智能和实体经济深度融合；赋予自由贸易试验区更大改革自主权，部署探索建设自由贸易港等建设现代化经济体系的二十项具体重点任务。具体来讲，应从以下六个方面发力。

一要重视实体经济发展，切实提高经济发展质量和效益，为构建现代化经济体系强本固基。建设现代化经济体系，必须把发展经济的着力点放在实体经济上，把提高供给体系质量作为主攻方向，显著增强我国经济质量优势。世界各国的发展经验表明，一个国家要强大，就必须注重实体经济。实体经济是国家经济的命脉，是增强综合国力、增加社会财富、提高国民生活质量的重要基础。当前，我国正处于经济增长从数量扩张到质量提升转型的重要阶段上，破解经济发展中存在的诸多难题，必须把提高供给体系质量作为经济发展和改革的主攻方向，着力做强做大做优实体经济，打牢我国经济发展的根基。要抓住新工业革命机遇，支持新兴战略产业发展，推动信息化和工业化高层次融合、深度结合，培育实体经济的新增长点、新动能。要深化供给侧结构性改革，加快传统产业转型升级，逐步提高我国产业在全球价值链中的位置。要发扬优秀企业家精神、一流工匠精神，培育一批勇于创新、踏实做事的人才队伍，引领经济转型升级，促进实体经济繁荣。

二要全面实施创新驱动发展战略，建设创新型国家，为构建现代化经济体系提供动力支撑。创新是发展的第一动力，是建设现代化经济体系的战略支撑。当前，世界正处于新科技革命前夜，各国纷纷把科技创新作为国家发展战略的核心，抢占未来发展的制高点，而中国经济发展也已经进入新常态，经济增长动力由低成本要素驱动向创新驱动转换。面对国内外新环境与新挑战，创新是提升我国综合竞争力和实现可持续发展的必然选择，特别是要瞄准世界科技前沿，强化基础研究，实现前瞻性基础研究、引领性原创成果的重大突破。同时，要加强国家创新体系建设，深化高校、科研机构同企业的产学研合作，促进科技创新成果产业化，多举措加强对中小企业创新的支持，培养创新人才的后备军，推进"技术创新"与"金融创新"双轮驱动，不断强化战略科技力量。

三要加快形成现代农业产业体系、生产体系、经营体系，为构建现代化经济体系夯实"三农"基础。农业农村农民问题是关系国计民生的根本性问题，必须始终把解决好"三农"问题作为全党工作重中之重。"三农"问题在某种程度上就是我国发展不平衡不充分的重要体现。因此，要实施乡村振兴战略，重点加强农村基础设施建设，健全社会公共服务体系，提高农村居民生活水平，加快推进农业现代化，形成现代农业产业体系、生产体系、经营体系，努力打造"产业兴旺、生态宜居、乡风文明、治理有效、生活富裕"的农村新面貌。要建立健全城乡融合发展体制机制和政策体系，形成集约化、专业化、组织化、社会化相结合的新型农业经营体系，全力推进城乡在基础设施和基本公共服务等方面实现均等化享有，构建新型城乡关系，实现城乡联动发展、共同繁荣。

四要完善区域发展机制，促进区域协调、协同、共同发展，为构建现代化经济体系空间布局结构提供路径指引，保障均衡发展。区域协调发展要根据各地的资源禀赋与比较优势，因地制宜地制定差异化的经济政策。要坚持走均衡城镇化道路，既要发展合理分工、协调发展的现代化城市群，又要依托县城和县域中心镇发展中小城市，鼓励以城市群为主体构建大中小城市和小城镇协调发展的城镇格局，推动京津冀协同发展、长江经济带建设、资源型地区经济转型发展，加快振兴东北老工业基地、推动中部崛起、推进西部大开发，促进产业转移与升级，发挥城市群的整体效应，缩小区域贫富差距，加快农业转移人口市民化的进程。

五要完善社会主义市场经济体制，发挥市场"无形之手"和政府"有形之手"的"双手"协同作用，为构建现代化经济体系提供制度保障。推进产权制度完善和要素市场化配置改革，建立更加完善的市场经济体制，实现产权有效激励、要素自由流动、价格反应灵活、竞争公平有序、企业优胜劣汰。总体来看，完善产权制度和优化要素市场化配置效率是加快完善社会主义市场经济体制的重点改革任务。具体而言，要深化国有企业改革，大力发展混合所有制经济，不断提升企业国际竞争力。要规范和完善市场准入、竞争机制和负面清单制度，鼓励民营企业大力发展，激发多样化市场主体活力。要深化金融体制改革，健全金融服务体系，打通通往实体经济的间接融资和直接融资双重通道。此外，还要实行深化商事制度改革、创新和完善宏观调控、完善促进消费的体制机制等措施。

六要实行更加积极主动的对外开放战略，推动形成全面开放新格局，为构建现代化经济体系建立自我强化机制。开放带来进步，封闭必然落后，强调"中国开放的大门不会关闭，只会越开越大"。40多年的开放使中国实现了经济的快速增长，成为经济全球化的主要受益者之一。当前，要坚持推进新型全球化，既要对内强化自身发展实力，也要坚持打开国门搞建设，要抓住全球化机遇，不断推进全球发展成果共享。"一带一路"建设倡议是我国对外开放的升级版，是国际合作的新平台，也是引领新型全球化发展的新引擎。要以"一带一路"合作建设为重点，坚持"引进来"和"走出去"并重，遵循共商共建共享原则，加强对外投资方式创新，统筹双边、多边、区域、次区域开放合作，着力开展基础设施建设，促进国际产能合作与自由贸易区建设，打造面向全球的贸易、投融资、生产、服务网络，推动同周边国家互联互通，形成陆海内外联动、东西双向互济的开放格局。要积极参与全球治理改革，为各国经济发展与全球治理贡献"中国智慧"与"中国经验"，构建人类命运共同体。

二、新时代民营企业是建设现代化经济体系的重要市场主体

新时代民营企业是建设现代化经济体系的重要市场主体。必须坚持和完善我国社会主义基本经济制度和分配制度，毫不动摇巩固和发展公有制经济，毫不动摇鼓励、支持、引导非公有制经济发展。再次重申"两个毫不动摇"，既表明了党的一贯立场，及时回应了社会重大关切，也为我国非公有制经济发展指出了光明前景，进一步坚定非公有制经济人士一心一意发展企业的信心。

改革开放 40 年多来，我国民营经济发展的政策体系不断完善，民营经济从小到大、由弱变强，已经发展成为稳定就业和推进技术创新的重要主体、国家税收的重要来源、经济社会持续健康发展的重要力量、优秀企业家成长的重要平台。当前，民营企业用近 40% 的资源，创造了我国 60% 以上 GDP，缴纳了 50% 以上的税收，贡献了 70% 以上的技术创新和新产品开发，提供了 80% 以上的就业岗位，是我国经济社会发展的重要力量。特别是党中央重申坚持"两个毫不动摇"的基本经济制度，鼓励支持引导民营经济发展的一系列重大论述，为我国民营经济持续健康发展指明了方向，标志着我国民营经济迎来新的历史机遇和进入一个新的发展阶段。实践表明，要支持民营企业发展，激发各类市场主体活力，要努力实现更高质量、更有效率、更

加公平、更可持续的发展，仍然要做好许多重要工作。

改革开放以来的每次党代会都在所有制理论上有重大突破。过去有一段较长时间，都用"非公有制经济"和"个体私营"企业来表述非公经济和企业，直接使用"民营企业"（而非私营企业）的概念来为民企定位正名，强调要激发民营企业市场主体的活力，既表明我们党对民营经济认识的逐步深化，又体现了对民营企业为改革开放和经济社会建设所作出的贡献的充分肯定，有力地激励我国广大民营企业为决胜全面建成小康社会作出新贡献。

三、新时代民营经济的新论述

关于新时代民营经济的新论述，主要体现在以下六个方面：

一是激发和保护优秀企业家精神。企业家特别是民营企业家是供给侧最重要的市场主体，企业家精神是供给经济学及其政策主张的灵魂，供给侧结构性改革要激发企业家特别是民营企业家精神，报告强调要"激发和保护企业家精神"。改革开放以来，我国诞生了一大批优秀的民营企业家，他们创建了一大批具有核心竞争力的企业，在稳定增长、增加就业、推动创新、出口创汇、改善民生等方面发挥了重要作用。要营造适度宽松的政策环境、公平诚信的市场环境、公正透明的法治环境和尊重企业家的社会氛围，鼓励创新、宽容失败，加快造就一支优秀的企业家队伍，弘扬优秀企业家精神、激发企业家创业创新热情、发挥企业家作为"关键少数"和特殊人才在供给侧结构性改革中的积极作用。

二是鼓励更多社会主体投身创新创业。经济转型升级需要创新创业主体多元化，要鼓励更多社会主体投身创新创业。创新是民族进步之魂，创业是富民强国之基，多元化的社会主体投身经济活动是支撑大众创业、万众创新深入发展的重要力量。新时代民营企业要靠创新创业转变发展方式致富，"小富靠勤劳，中富靠机遇，大富靠智慧"。政府要营造"实业能致富，创新致大富"的创新创业环境，进一步优化创新创业生态体系，完善创新创业平台，留住高层次创新人才，建设知识型、技能型、创新型劳动者大军，为民营制造业迈向"高精尖"、民企走向价值链和产业链的中高端提供人才支持，进而培育经济增长新动能、改造提升传统动能、促进我国经济转型升级。

三是完善产权制度，实现产权有效激励。产权制度是社会主义市场经济和民营经济制度的核心，经济体制改革必须以完善产权制度和要素市场化配置为重点，实现产权有效激励。要保障现代市场经济持续健康发展，就必须建立健全归属清晰、权责明确、保护严格、流转顺畅的现代产权制度。党的十九大、二十大报告都给广大民营企业家派发"定心丸"，解除了一些企业家"小富不甘、大富难安""不挣钱心慌，挣钱也心慌，挣钱越多越心慌"的顾虑。完善产权制度，最重要的是依法平等保护民营企业的合法权益，不断推进产权制度创新以适应新时代新征程下的新要求，加快推进产权保护走向制度化、法治化，切实保护保护民营企业家的财产权、创新权益和企业经营权，让"有恒产者有恒心"，让企业家有安全感。

四是发展国企和民企共生共荣的混合所有制经济。混合所有制经济发展是国企和民企优势互补的重要形式，要发展混合所有制经济，培育具有全球竞争力的世界一流企业。混合所有制改革，既是国有企业改革的突破口，也是促进民营经济发展的重要举措。发展混合所有制经济，有利于为民营企业发展拓展空间，有利于发挥混合的国企和民企优势互补的"杂交"优势，实现各种所有制资本相互促进、共同发展，有利于充分发挥国企创新发展优势，利用国企创新溢出效应带动上下游中小企业发展，进而提升中国企业的国际竞争力，形成一批在全球产业发展中有话语权和影响力的企业和企业群、企业链。

五是破除垄断，放宽市场准入，支持民营企业发展，激发各类市场主体活力。公平竞争是市场经济的基本原则，是市场机制高效运行的重要基础，要全面实施市场准入负面清单制度，清理废除妨碍统一市场和公平竞争的各种规定和做法。长期以来，我国民营经济发展面临着"弹簧门""玻璃门""旋转门"的"三门"阻碍，民间投资有时"想投却无处投"。要从政府和市场两个角度出发，明确目标、举措，打破行政性垄断和防止市场垄断，充分发挥市场"无形之手"和政府"有形之手"的作用。这是坚持权利平等、机会平等、规则平等"三个平等"原则的重要体现，有利于为民营经济发展营造公平竞争的市场环境，使各类市场主体发展活力充分涌动。

六是构建"亲""清"政商关系，保障非公经济和非公经济人士的"两个健康"发展。"亲""清"新型政商关系是民营经济健康发展的社会环境基础，要构建"亲""清"新型政商关系，是促进非公有制经济健康发展和非公有制经济人士健康成长的社会保障。将新型政商关系定位为"亲"和"清"，既十分精练，又十分生动。"亲""清"，理念深入人心，政商交往的新风尚、新气象正在形成。强调构建"亲""清"政商关系，既有利于进一步鼓励领导干部积极作为、靠前服务，坚持不能有贪心私心、不能以权谋私、不能搞权钱交易，又有利于稳定民营企业家预期、提振企业家信心，鼓励广大企业家坚持洁身自好、走正道，坚守不行贿、不欠薪、不逃税、不侵权的法律底线。

四、新时代的民营经济迎来四大历史性机遇

新时代的民营经济将来四大历史性机遇：

一是改革机遇，特别是供给侧结构性改革的机遇。推进供给侧结构性改革，一方面要加快建设制造强国，在中高端消费、创新发展、绿色低碳、共享经济、现代供应链、人力资本服务等领域培育新增长点、形成新动能。另一方面，要支持传统产业优化升级，促进我国产业迈向全球价值链中高端，培育若干世界级先进制造业集群。

二是创新机遇，特别是创新驱动经济发展带来的新机遇。一方面，要突出关键共性技术、前沿引领技术、现代工程技术、颠覆性技术创新，为建设科技强国、质量强国、航天强国、网络强国、交通强国、数字中国、智慧社

会提供有力支撑。另一方面，要建立以企业为主体、市场为导向、产学研深度融合的技术创新体系，加强对中小企业创新的支持，促进科技成果转化。

三是发展机遇，特别是京津冀协同发展、长江经济带建设、海洋强国战略、城市群发展战略等区域协调发展战略和乡村振兴战略。这些国家重大发展战略的实施都会为民营企业发展带来历史性的发展机遇。

四是开放机遇，特别是"一带一路"合作共建带来的国际化机遇。依托"一带一路"倡议，民企能够充分利用两种资源、开拓两个市场，既有利于对冲外贸下行的压力，又有利于应对贸易保护主义的风险，还有利于加强民营企业间的经贸合作，实现共赢发展。

（此章节主要根据辜胜阻在温州商学院"温商论坛"报告内容，由章晓洪、张少龙、胡建成、王铁成、焦长勇、汪占熬、彭华等参与整理加工。）

追根溯源

Chinese Modernization
and the Healthy Development of the Private Economy

第二章
民营经济健康发展历程

第一节　中国商会七十年

中华人民共和国建国 70 余年来，中国社会主义建设取得辉煌成就，工商业者经历了对资本主义工商业的社会主义改造、引导工商业者投身社会主义建设、十年"文革"和私营经济整体上退出历史舞台、改革开放和个体私营经济的兴起、民营经济的快速发展并成为国家现代化建设的生力军等各个不同的历史时期。中国工商业联合会的服务对象由建国初期的民族资本家即原工商业者、私营企业，和包括国有企业、公私合营企业及合作社等在内的各类工商业者，转变为非公有制经济代表人士、民营经济代表人士。

70 年来，全国工商联经历了许多重要变革和创新，其中最具有里程碑意义的变革，当属中共中央〔1991〕15 号文件的颁发实施。当改革开放时期实施进入 1991 年，曾经消失了的个体私营经济焕发生机并发生很大变化，在经济社会中的影响不断增大，也给工商联工作带来一些新课题。面对新形势，《中共中央批转中央统战部〈关于工商联若干问题的请示〉的通知》（以下简称"中央 15 号文件"），对工商联的性质、任务和职能等进行了全面阐述。以中央 15 号文件颁发为标志，工商联事业进入了一个全新的发展阶段。文件对于引导我国非公有制经济的健康发展，乃至对基本经济制度的变革和完善都有重大意义和深远影响。可以说，全国工商业联合会 70 年的发展历程，是我国经济制度伟大变革的一个缩影。

一、诞生于对资本主义的改造时期

早在 1949 年 8 月，中共中央就作出成立工商业联合会的决定。根据党中央的指示，一些大中城市在改造旧商会、旧工业会、旧同业公会的基础上，成立了工商联地方组织。1952 年 6 月召开的全国统战工作会议，通过了《关于改组工商联合会的指示》，中央认为必须改组同业公会，改组同业公会不是要废除这一组织形式，而是要使之成为工商联领导下的专业组织。要通过工商联这一以私营工商业户为主体、由各类工商业户联合组成的人民团体，把工商界人士广泛组织起来，团结和教育资产阶级分子，培养进步的民族资本家。同年 8 月，政务院公布《工商业联合会组织通则》。至 12 月底，各地已成立工商联或筹委会超过 1000 个，为全国工商联的成立奠定了基础。

1953 年 5 月 27 日，时任中共中央统战部部长的李维汉向中央提交了《资本主义工商业的公私关系问题》的调查报告。报告总结了几年来资本主义工业实行国家资本主义的情况和经验，指出：国家资本主义的各种形式，是我国改造资本主义工业，使它逐步过渡到社会主义的主要形式，是我们利用资本主义工业来训练干部并改造资产阶级分子的主要环节，也是同资产阶级进行统一战线工作的主要环节。

6 月 15 日，毛泽东在中央政治局扩大会议上第一次对党在过渡时期的总路线和总任务的内容作了比较完整的表述。6 月 25 日至 7 月 22 日召开的第四次全国统战工作会议，围绕着贯彻过渡时期的总路线，讨论了《关于利用、限制和改造资本主义工商业问题的意见》，研究部署对资本主义工商业进行社会主义改造。9 月，毛泽东邀集民主党派和工商联部分代表进行谈话，向他们系统阐明了经过国家资本主义完成对私营工商业改造的方针政策。

10 月 23 日至 11 月 12 日，全国工商联第一届会员代表大会在北京召开，会议讨论通过了《中华全国工商业联合会章程》，选举全国工商联领导机构，陈叔通任主任委员。全国工商联的建立，是在国家改造资本主义工商业的过程中进行的，它成立的目的和任务，就是协助国家对资本主义工商业进行改造。全国工商联成立之时，正是我们党提出过渡时期总路线之际。这一时期，工商联在引导私营工商业者贯彻国家的方针、政策和法规方面，在协助政府调整工商业、调整公私关系和劳资关系方面，在帮助私营工商业者纳入国家资本主义轨道方面，在反映私营工商业者的意见，维护会员合法权益等方面，开展了大量艰苦细致的工作，作出了不可磨灭的历史贡献。从1953年10月到1956年10月，全国各级工商联组织，由1955个发展到2116个，其中县工商联1928个，占全国2110个县份的91.4%。

1956年底，资本主义工商业的社会主义改造基本完成，尤其实行全行业公私合营以后，国家按指令性计划直接管理公私合营企业，与此同时，农业、手工业也进行了社会主义改造。计划经济时代不重视市场调节，也不再需要通过工商联来保持国家和企业的联系，工商联作为商会的地位和作用大大削弱，工商联组织的发展曾一度受到影响。

同年年末，毛泽东在与民主建国会、全国工商联和中共中央统战部负责人谈话中指出：工商联可以长期存在，定息取消后，还要进行思想改造工作，可以作为一部分劳动者的工会，但名称要存在，不要改。李维汉在介绍《关于1956年到1962年统一战线工作的方针（草案）》时提出：要把教育工作当作统一战线工作的一项中心任务。

对资产阶级分子进行教育的目的就是要最终消灭资本主义所有制，把资产阶级分子改造成名副其实的劳动者。而社会主义改造完成后，民主建国会和工商联由原来主要联系和代表民族资产阶级及其知识分子的政党和人民团体，基本上转变成为以原工商业者为主体，实行自我教育，为社会主义建设服务的政党和人民团体。陈叔通在全国工商联第二届代表大会上，作了《全国工商业者，继续接受社会主义改造，充分发挥积极作用，为我国伟大的社会建设而奋斗》的报告。期间，工商联的主要工作是组织、推动工商业者进行学习和自我教育，为社会主义建设服务。

1957年2月25日，中共中央批准并转发中央统战部《关于继续发挥工商业联合会的作用的意见》。《意见》肯定了工商联的贡献，指出：工商联不仅要继续存在，并且需要进一步发挥其积极而有效的作用。今后工商联的性质仍然是以原来的私营工商业为主的、各类工商业者联合组织起来的人民团体。工商联的工作，过去是、今后仍然应该是以资产阶级分子为主要对象。今后工商联的基本任务，是充分代表工商业者的合法利益，向国家有关机关和业务部门反映他们的意见和要求，并提出批评和建议；提高他们工作和自我改造的积极性，并发挥他们对中国共产党和人民政府的监督作用；大力推动工商业者积极参加社会主义劳动竞赛，发挥他们的技术专长；组织工商业者进行学习，组织他们参加爱国运动和社会活动，提高他们的政治觉悟和业务水平，为社会主义建设服务。同时，中共中央还提议对工商联的组织形式进行适当的调整，就加强中国共产党对工商联的领导问题作了一些具体规定。

1966年开始的"文化大革命"，使工商联名存实亡，组织瘫痪达10年之久。广大工商业者忍辱负重，在各条战线努力工作，默默地为社会主义建设贡献自己的力量。

党的十一届三中全会以后，工商联得到了恢复和发展。党和政府落实了对原工商业者的政策，摘掉了资本家的帽子；把小商小贩、小手工业者、小业主作为劳动者从原工商业者中区别出来。

二、绝非"一代而亡"而是重任在肩

20 世纪 50 年代，通过"三大改造"，我国私有经济已经消失殆尽，仅仅存在着极少量的个体经济。到 1956 年底，全国私营工业总户数的 99%、总产值的 99.6%，私营商业总户数的 83.2%、资金的 93.3%，都先后实行了全行业的公私合营。另有数据显示，1957 年全国只有在一些偏远地区还存活着 9 万多个体户。直到"文革"10 年，不停的政治运动，使个体劳动者丧失了在社会劳动中存在的必要地位。"文革"结束后，据 1978 年统计，全国城镇个体工商业者只剩下 15 万人。大批知识青年返城，城镇待业人员每年积累 700 万—800 万人，国家财政困难，不能提供充足的社会就业岗位。

因此，从 1979 年开始，从安置待业人员就业考虑，国家为个体经济开了绿灯。从 1979 年开始，中共中央连续发出几个文件，鼓励多渠道自谋职业。于是，在经历了一番曲折后，城镇个体经济从政策的逐步松动中再次得到了发展。私有经济随着农村家庭联产承包责任制的逐步推行和城乡个体经济的发展，也逐步得以重新萌发和乘势兴起。

1979 年 1 月 17 日，邓小平在人民大会堂设宴邀请胡厥文、胡子昂、荣毅仁、周叔弢、古耕虞等工商界领导人座谈时，就如何搞好经济建设，落实中国共产党对原有工商业者的政策，发挥原工商业者的作用等问题听取他们的意见，并指出：现在搞建设，门路要多一点，可以利用外国的资金和技术，华侨、华裔也可以回来办工厂。要发挥原工商业者的作用，有真才实学的人应该使用起来，能干的人就当干部。还要请你们推荐有技术专长、有管理经验的人管理企业，特别是新行业的企业。落实政策以后，工商界还有钱，有的人可以搞一两个工厂，也可以投资到旅游业赚取外汇，手里的钱闲起来不好。你们可以有选择地搞。总之，钱要用起来，人要用起来。

全国工商联在邓小平谈话的鼓励下表现出了极大的积极性，并以自己对于经济活动的特有才能，参与国家经济建设。荣毅仁提出了吸资兴办实业的建议，引起了邓小平的浓厚兴趣，没过几天便亲笔批准了他的报告。不久，经国务院批准，由荣毅仁任董事长兼总经理的中国国际信托投资公司成立。之后，由王光英任董事长兼总经理的光大实业公司、由胡子昂任董事长的中国工商经济开发公司先后成立。刘靖基等原工商业者创办了中国改革开放后首家综合性、外向型民间企业——上海市工商界爱国建设公司。此外，张敬礼在香港创办了永年公司、梁尚立在香港创办了越秀公司。工商联领导创办实业的举动，为原工商业者创办企业起了带头和示范作用。

在全国工商联的指导、带动下，地方工商联、原工商业者纷纷行动起来，创办企业。1980年，经上海市工商联牵线搭桥，全国第一家合资企业联合毛纺织厂建成投产。紧随其后，温州章华妹领到了全国第一张个体工商户执照。北京的尹盛喜带领一些待业青年成立了"大碗茶青年茶社"，在繁华的前门大街上做起了买卖。浙江省各地的大批原工商业者，协办了90多家集体企业，安置待业青年3232人，其中杭州湖滨托运服务公司被全国工商联、民建中央评为"全国发展集体和个体经济安置待业青年先进集体"，公司代表受到胡耀邦的接见。据不完全统计，截至1982年底，全国登记注册的个体工商户为263.68万户，从业人员达319.87万人，注册资金为8.25亿元，当年实现营业额100.7亿元。各地工商联、民建共发动6000多名成员，协办、合办、自办企业3344家。

从1979年11月到1983年底，全国工商联共接待了14个国家和港澳地区的工商团体、工商界人士824人次。全国20个省、自治区、直辖市的工商联和民建组织共接待境外工商界访问团2.7万人次。到1988年底，全国工商联已同100多个国家和中国港澳台地区的工商社团、工商界人士建立了各种联系，联络工作遍布全世界，工商联的影响力极大增强。

与此同时，由于自然规律，新中国初期的原工商业者年龄日益增大，人数日益减少，工商联老会员由"文化大革命"前的86万人降到1990年的30万人，且多数已退休。以原工商业者为主体的工商联存在着"后继无人、一代而亡"的危机。

面对新形势，工商联积极探索为改革开放和经济建设服务的途径和方法，从1984年起，开始进行吸收新会员的试点工作。1988年，工商联第六次全国代表大会修改会章，规定工商联是"中国工商界组织的人民团体，民间的对内对外商会"，还规定国营企业可以参加成为企业会员。至 1991 年上半年，在各类企业会员中，国营企业会员的数量已占首位，县级工商联领导班子中党员干部也占多数。1987 年 5 月，中央书记处会议提出，"工商联工作要适应新情况，要有新的经验，要加强私营企业者的工作"的思路。

在此背景下，经过深入调查和研究，1991 年 6 月 17 日，中央统战部向中央报送了关于工商联若干问题的请示。7 月 6 日，中共中央下发批转中央统战部《关于工商联若干问题的请示》的通知，作出了对工商联职能进行调整的重要决策。

这个文件不但解决了工商联后继无人、一代而亡的顾虑，而且为工商联工作开辟了新的领域，赋予了新的职能，充实了新的内容。文件明确非公有制经济代表人士是新时期统一战线工作的重要对象，提出**"两个基本原则、三个转变和四项政策"**规定。

（一）**两个基本原则：**一是工商联**停止发展国营企业**，对于已经参加工商联的国营企业，可以逐步由企业会员转为个人会员，有公私合营历史以及与工商联有密切业务往来的中小型国营企业，可根据自愿原则参加工商联，但不能成为主体。这是因为，工商联主要担负着做非公有制经济成分工作的繁重任务。工商联做非公有制经济代表人士的工作有其有利条件：有一批同党长期合作的党外代表人士，有一批熟悉统战工作的干部，有比较健全的组织网络，有着与非公有制经济的历史联系。做好非公有制经济代表人士的思想政治工作是党对工商联的信任和期望，也是工商联的光荣。二是**不能把**

现在的非公有制经济人士同过去的民族工商业者简单地类比和等同，更不是要像五十年代那样对他们进行社会主义改造，而是通过工商联对非公有制经济成分按照**"团结、帮助、引导、教育"**的方针，进行爱国、敬业、守法教育，同时反映他们的意见和要求，维护他们的合法权益，做好他们的工作，调动他们的积极性，引导和推动非公有制经济健康发展。

（二）**三个转变**：一是工商联的性质由向经济性倾斜转变到以统战性为主，兼有经济性、民间性上来。工商联的工作重点不仅要放在经济性、业务性方面，更要着重做好非公有制经济人士的工作，成为主要是做非公有制经济代表人士的思想政治工作的人民团体，逐渐培养起一支新的、坚决拥护党的领导，与党团结合作的积极分子队伍。二是工作对象由国营企业向非公有制经济成分转变，扭转工商联大量吸收国营企业的做法。工商联的主要工作对象是私营企业、个体工商户、"三胞"投资企业、部分乡镇企业，而不是国有企业。要充分认识做好非公有制经济方面工作的重要性和工商联的自身优势，工商联是完全有条件做好的。三是目标责任由软要求向硬任务的转变。由过去任务不明、职责不清、工作可多可少的软任务，转向上述的硬任务。

中央有关文件的颁布，使得新时期工商联重任在肩，大有可为。

（三）**四项政策规定**：（1）工商联经当地党委批准，均可建立党组。工商联党组不同于政府部门和工会、妇联的党组。一是结构不同，工商联党组成员不完全是行政领导成员。二是领导关系不同，工会、妇联党组受同级党委领导，工商联党组在党委委托下，受同级党委统战部领导。（2）根据实际情况进行试点，成立同业公会。成立同业公会要经当地党和政府批准，依法进行活动。同业公会领导人要经当地统战部及有关部门推荐，民主选举产生。（3）个体劳协、私营企业协会、乡镇企业协会和外商投资企业协会可作为团体会员自愿参加工商联，他们中间有些非党主要负责人可经协商、选举担任同级工商联负责人。（4）作为特区的试点，海南和深圳两地的工商联可吸收国营企业参加，领导班子中可以党员为主，发挥民间商会的作用，为特区的经济发展、对外开放服务。

文件还对工商联的工作方针、主要职能和贯彻措施等作了规定。

1991 年 9 月 21 日，全国人大常委会副委员长、全国工商联主席荣毅仁在全国工商联六届七次常委（扩大）会议上，谈到 15 号文件时表示：党中央认真研究了工商联的工作，并根据社会主义初级阶段和建设有中国特色的社会主义理论，结合工商联的历史特点，明确提出了新时期工商联的性质、任务、会员结构和职能，赋予工商联以新的历史使命。今后工商联的任务光荣而又艰巨，重任在肩。

1992 年 1 月，在全国工商联六届执委会第四次会议上，中共中央政治局委员、国务院副总理田纪云指出：既然我们党曾通过工商联这一组织，对民族工商业者进行教育并取得了历史性的成果，我们就应一如既往地信任这一组织，并赋予它新的历史使命和健全它的工作职能，使之做好非公有制经济成分的工作。既然我们党要求非公有制经济对公有制经济起到有益、必要的补充作用，我们就应与之建立起某种政治关系，促使其健康发展。1993 年 10

月全国工商联第七届全员代表大会上，经中共中央、国务院批准，中华全国工商业联合会同时又称为中国民间商会，明确成为中国特色社会主义爱国统一战线组织。

三、政治经济理论的突破与创新

人们通常认为，中央 15 号文件不但解决了工商联后继无人、一代而亡的顾虑，而且为工商联工作开辟了新的领域，赋予了新的职能，充实了新的内容。事实上，其深层的意义远不止此。

1984 年党的十二届三中全会通过的《中共中央关于经济体制改革的决定》，一是在社会主义经济的本质属性上，第一次在党的文件上突破把计划经济同商品经济对立起来，认为商品经济是同资本主义相联系的传统观念，明确肯定社会主义经济是"在公有制基础上的有计划的商品经济"；二是在所有制结构上，突破过去"一大二公"、公有制程度越高越好的传统观念，明确肯定个体经济是社会主义经济必要的有益的补充。《决定》通过后的第二天，邓小平在中顾委全体会议上说，《决定》写出了一个政治经济学的初稿，是马克思主义基本原理和中国社会主义实践相结合的政治经济学，是有历史意义的。我国经济是在公有制基础上有计划的商品经济的提法，反映了当时的认识水平。这一提法为后来确立社会主义市场经济作了铺垫。毫无疑问，中央 15 号文件中一些新的提法、新的观点，也是社会主义政治经济学理论的又一次突破与创新。

首先，非公有制经济在社会主义经济制度中的应有地位得到承认和确立。

在党的文件中第一次正式使用了非公有制经济这一概念，正式承认和确立了非公有制经济在社会主义经济制度中的应有地位；较为科学地概括了个体、私营、"三资"企业等多种经济成分，也明确划分了在改革开放中所出现的从这类经济活动的社会群体。文件第一次明确指出，在我国，非公有制经济作为公有制经济的有益补充，将在相当长的历史时期存在和发展。

从某种意义上说，非公即私——非公有制经济即私有制经济。也就是说，私有制经济作为公有制经济的有益补充，将在我国相当长的历史时期存在和发展。由于传统理论与实践的偏差，加之意识形态的困扰，我们很多人对私有制经济的认知，一直处于或复杂、或歧视、或扭曲的状态。

根据生产关系一定要适应生产力发展的客观规律，1954年的第一部宪法并没有提出"消灭私有制"，中国共产党《党章》也没有"消灭私有制"的字眼。1949年9月27日，全国政协第一届全体会议上通过的中华人民共和国国旗，一颗大星代表的是中国共产党，四颗小星当时代表的是工人、农民、小资产阶级和民族资产阶级。

代表民族资产阶级，因改造资本主义工商业而生的全国工商联，在基本完成对生产资料私有制的社会主义改造后，毛泽东指示：名称保留，长期存在，其深刻背景和战略深意可想而知。

中央15号文件在实践中推动了非公有制经济进入新的快速发展期。据统计，从 1991 年到 2009 年，全国个体工商户由 1417 万户增加到了 3197 万户，从业人员由 2258 万人增加到 6585 万人；登记注册的私营企业由 10.8 万户增加到了 740 万户，占到全国企业总数的 70%，其投资者由 24 万人增加到 1650 万人；从业人员由 184 万人增加到 6956 万人；个体私营经济注册资金由 611 亿元增长到 15.7 万亿元。非公有制经济创造了约 50% 的国内生产总值、25% 的进出口总额、60% 的国内发明专利和 90% 的城镇新增就业岗位。

在这一过程中，非公有制经济成为社会主义市场经济的重要组成部分和社会主义现代化建设的重要推动力量，已是既成事实。

其次，国家要为各种所有制经济平等参与市场竞争创造条件，对各类企业一视同仁。

非公有制经济这一概念，相继出现在以后的党的文件和宪法修正案中。按照中央 15 号文件对非公有制经济的内涵定义，社会主义基本经济制度也有了全新表述，进一步确定了非公有制经济在社会主义经济制度和经济体系中的地位。1992 年，党的十四大确立了社会主义市场经济体制的改革目标，并提出："在所有制结构上，以公有制包括全民所有制和集体所有制经济为主体，个体经济、私营经济、外资经济为补充，多种经济成分长期共同发展，不同经济成分还可以自愿实行多种形式的联合经营。"党的十四届三中全会《关于建立社会主义市场经济体制若干问题的决定》进一步指出：建立社会主义市场经济就是要使市场在国家宏观调控下对资源配置起基础性作用。为实现这个目标，必须坚持"以公有制为主体、多种经济成分共同发展的方针",并首次明确提出"国家要为各种所有制经济平等参与市场竞争创造条件,对各类企业一视同仁"。

1997年9月,党的十五大在所有制理论上取得新的重大突破,对我国社会主义初级阶段的基本特征、发展过程、主要矛盾和根本任务作了更加系统的论述,明确指出:从50年代中期社会主义改造基本完成,到下个世纪中叶社会主义现代化基本实现,至少一百年,都属于社会主义初级阶段。这是一个不可逾越的历史阶段。这个阶段,既不同于社会主义经济基础尚未奠定的过渡时期,又不同于已经基本实现了现代化的阶段。这个阶段的基本经济制度,只能也必须是"公有制为主体,多种所有制经济共同发展","个体、私营等非公有制经济,是社会主义市场经济的重要组成部分,应当继续鼓励、引导,使其健康发展"。至此,个体、私营等非公有制经济从社会主义经济的"补充"地位上升到"重要组成部分",成为社会主义初级阶段基本经济制度的组成部分,同处于主体地位的公有制经济将长期共同发展,至少一百年不变。

1999年召开的九届全国人大二次会议,第三次通过了宪法修正案,个体、私营等非公有制经济被认同为社会主义市场经济的重要组成部分。党的十五大关于非公有制经济地位的论述,通过法律程序进入了国家根本大法。至此,我们党在非公有制经济问题上,基本完成了一个认识过程:承认社会主义初级阶段是一个不可逾越的历史阶段,就得承认非公有制经济是社会主义市场经济的重要组成部分,是初级阶段基本经济制度的重要组成部分,在整个社会主义初级阶段，必须坚持公有制为主体、多种经济成分共同发展。

2002年9月，党的十六大提出坚持"两个毫不动摇"，即毫不动摇地巩固和发展公有制经济，毫不动摇地鼓励、支持、引导非公有制经济发展。

1998年至2003年，全国工商联向全国政协九届一次会议、九届五次会议、十届一次会议分别提交关于修改《宪法》完善保护私人财产法律制度的建议。2003年12月，中共中央向全国人大常委会提议修改《宪法》，将"公民的合法的财产不受侵犯"载入《宪法》。2004年3月14日，十届全国人大二次会议通过了《宪法》修正案，将"公民的合法的私有财产不受侵犯"庄严地写入宪法，并确立了新社会阶层的中国特色社会主义建设者地位，完善了合法私有财产保护制度。

2012年党的十八大标志着中国进入新时代。2013年，党的十八届三中全会强调，公有制经济和非公有制经济都是社会主义市场经济的重要组成部分，都是我国经济社会发展的重要基础。第一次将非公有制经济与公有制经济置于同等重要的地位，并提出两个不可侵犯，即"公有制经济财产权不可侵犯，非公有制经济财产权同样不可侵犯"，表明我们党对非公有制经济的认识达到了一个新高度。全会通过的《中共中央关于全面深化改革若干重大问题的决定》，对发展混合所有制经济作出了系统阐述："国有资本、集体资本、非公有资本等交叉持股、相互融合的混合所有制经济，是基本经济制度的重要实现形式，有利于国有资本放大功能、保值增值、提高竞争力，有利于各种所有制资本取长补短、相互促进、共同发展。"

党的十九届四中全会通过的《中共中央关于坚持和完善中国特色社会主义制度、推进国家治理体系和治理能力现代化若干重大问题的决定》文件，对社会主义基本经济制度作出新概括，明确提出"公有制为主体、多种所有制经济共同发展，按劳分配为主体、多种分配方式并存，社会主义市场经济体制等社会主义基本经济制度，既体现了社会主义制度优越性，又同我国社会主义初级阶段社会生产力发展水平相适应，是党和人民的伟大创造"。这一重要论断，是对社会主义基本经济制度作出的新概括，是对社会主义基本经济制度内涵的重要发展和深化，具有重大理论和实践意义，是习近平经济思想的重要创新和发展。

其三，对私营企业主有了新的称谓——非公有制经济人士。这不是称谓的简单改变，而是对**这一新的社会阶层的认可和肯定。**

新时期的私营企业主主要是从工人、农民、知识分子和机关干部中分化出来的，绝大多数是"生在新中国，长在红旗下"。他们在改革大潮中响应党的号召，不捧铁饭碗，不吃"皇粮"，艰苦创业，创造财富，提供税收，解决就业。他们中绝大多数人的财产来源于诚实劳动、合法经营，与资本主义社会的原始积累有根本的区别；他们在不断增加财产的同时，为发展社会主义生产力作出了贡献。因此，对现在的私营企业主，不能与马克思主义经典作品中本来意义上的资产阶级分子画等号，也不应和原工商业者简单地类比"画等号"，更不是要像1950年代那样对他们进行社会主义改造，而是对他们进行"团结、帮助、引导、教育"，从而终止了过时的"利用、限制、改造"的方针。2010年9月16日颁发的《中共中央国务院关于加强和改进新形势下工商联工作》，对非公有经济人士的工作方针从"团结、帮助、引导、教育"调整为"团结、服务、引导、教育"。

1993年3月14日，全国政协八届一次会议隆重开幕，2093名委员走进人民大会堂，其中，23位非公有制经济的代表特别引人注目。23比2093，近百分之一，一个极容易被人忽略的比率。然而，就是这不起眼的百分之一，在共和国最高级别的政治舞台上，掀起了一股强烈冲击波。第二天的中华工商时报制作了这样的新闻标题:《四十四年头一遭 八届政协迎新人 私企老板登"堂"入"会"》。私营企业家开始登上国家政治舞台，全国政协成员中的工商联界别有了新生力量，实现了新老交替。同年10月，全国工商联第七届会员代表大会上，非公有制经济人士进入全国工商联领导班子和领导机构，新当选的执行委员和常委中，非公经济人士分别占32%和20%，四川的希望集团总裁刘永好当选全国工商联副主席，这标志着非公有制经济代表人士开始在国家政治生活和社会事务中发挥作用。

2001年，江泽民在"七一讲话"中把"民营科技企业的创业人员和技术人员、受聘于外资企业的管理技术人员、个体户、私营企业主、中介组织的从业人员、自由职业人员等社会阶层中的广大人员"，称为"也是社会主义的建设者"，2002年党的十六大对上述六类人员的表述改为"都是社会主义的建设者"。一字之差，意义深远，进一步界定了"新社会阶层"的政治属性，非公有制经济人士成为中国特色社会主义事业建设者和新世纪新阶段爱国统一战线的重要成员。

四、民营经济登上更加广阔的舞台

2018年11月1日，习近平在民营企业座谈会上发表重要讲话，向与会各位民营企业家和全国广大民营企业家致以诚挚的问候，充分肯定我国民营经济的重要地位和作用。随后，"民营经济"一词频频出现在党和国家的重要文件中。

2020年9月，中共中央办公厅印发《关于加强新时代民营经济统战工作的意见》。《意见》指出，民营经济作为我国经济制度的内在要素，始终是坚持和发展中国特色社会主义的重要经济基础；民营经济人士作为我们自己人，始终是我们党长期执政必须团结和依靠的重要力量。充分认识民营经济对我国经济社会发展的重要性，充分认识民营经济存在和发展的长期性、必然性，推动新时代民营经济统战工作创新发展，有利于不断增强党对民营经济的领导力，把广大民营经济人士更加紧密地团结在党的周围，凝聚起同心共筑中国梦的磅礴力量。

在我国，民营经济并不是一个所有制概念，而是具有中国特色的一种经济概念和经济形式。与民营经济相对应的是国营经济。如果按所有制划分，应称为民有经济，与之对应的是国有经济，就像公有制经济对应的是非公有制经济一样。

从内涵上看，民营经济的范围大于非公有制经济。民营经济除了个体经济、私营经济和外资经济之外，还包括集体经济，非国有经济控股的股份制经济、混合经济、中外合资合作经济等。

虽然民营经济的范围大于非公有制经济，但非公有制经济至今仍然是民营经济的主体，也就是说，民营经济主要是私有制经济。据统计2022年我国私营企业出资人和个体工商户已超1.5亿人，相比2012年的5190万人，年均增长超过12%。

长期以来，民营经济在稳定增长、促进创新、增加就业、改善民生等方面发挥了积极作用，已经成为我国经济制度的内在要素，推动经济持续健康发展的重要力量。在税收上，2012年至2021年，民企占比从48%提升至59.6%。在就业上，2012年至2022年，规上私营工业企业吸纳就业占比从32.1%提高至48.3%。在数量上，2012年至2022年，民企数量占比从79.4%增长到93.3%。在外贸上，民企从2019年起成为第一大外贸主体，2022年占比达50.9%。

2022年10月，党的二十大报告在论述构建高水平社会主义市场经济体制时重申：坚持和完善社会主义基本经济制度，毫不动摇巩固和发展公有制经济，毫不动摇鼓励、支持、引导非公有制经济发展，充分发挥市场在资源配置中的决定性作用，更好发挥政府作用。强调要优化民营企业发展环境，依法保护民营企业产权和企业家权益，促进民营经济发展壮大。

2023年7月14日，《中共中央 国务院关于促进民营经济发展壮大的意见》指出，民营经济是推进中国式现代化的生力军，是高质量发展的重要基础，是推动我国全面建成社会主义现代化强国、实现第二个百年奋斗目标的重要力量。

中央关于民营经济统战工作的意见，划分了民营企业和民营经济人士的范围。要求统战工作面向所有民营企业和民营经济人士，工作对象主要包括民营企业主要出资人、实际控制人，民营企业中持有股份的主要经营者，民营投资机构自然人大股东，以民营企业和民营经济人士为主体的工商领域社会团体主要负责人，相关社会服务机构主要负责人，民营中介机构主要合伙人，在内地投资的港澳工商界人士，有代表性的个体工商户。

经济领域的统战工作由原来的非公有制经济领域，扩展延伸到整个民营经济领域。作为民营经济统战工作重要组织依托的工商联及所属商会，其服务对象增多了，工作范围扩大了。随着民营经济不断发展壮大，新的民营经济代表人士不断成长起来。截至 2022 年，担任各级工商联执委的优秀代表人士就达 24 万多人，还有不少优秀民营企业家进入各级人大、政协工作。与之相应，坚持"信任、团结、服务、引导、教育"工作方针的工商联，工作舞台将更加广阔，工作任务更为繁重，必将展示出新的更大作为。

第二节　民营经济改革开放四十年

100 年前，中国民族工业的实业家张謇说过："天之生人也，与草木无异。若遗留一二有用事业，与草木同生，即不与草木同腐。"这一朴素的思想至今仍影响着当今中国的民营企业家。依靠政策的逐步开放，中国民营企业在改革开放以后迅速萌芽、延展、舒张、勃发，繁茂的生长。

1978 年以来的四十余年，中国经济社会急剧变化和转型，民营企业对于经济总量的贡献，也实现了从零到超过 60% 的飞跃。民营经济在整个经济体系中具有重要地位，贡献了 50% 以上的税收、60% 以上的 GDP、70% 以上的技术创新、80% 以上的城镇劳动就业、90% 以上的新增就业和企业数量。如果没有民营企业的发展，就没有整个经济的稳定发展。

回顾改革开放民营企业发展的 40 年，大分以下几个阶段。

一、探索期（1978 年 -1992 年）

关键事件："五老"火锅宴和"太爷鸡"风波

从 1978 年十一届三中全会到党的十四大确立中国实行社会主义市场经

济体制。改革首先从农村开始，逐步向城市推进，从开展改革试点、积累经验，到逐步推广，通过立法把实践成果明确下来。有影响力的事件有"五老"火锅宴，1984年知识分子第一次下海潮，确立社会主义经济是"公有制基础上的有计划的商品经济"，对外开放，从兴办经济特区向沿海、沿江乃至内地推进，开放沿海14个港口和建立一批经济特区等。

著名的"五老"火锅宴是为民族资本家"脱帽加冕"的一次会面，在工商业间传为佳话。1979年1月17日，邓小平邀请上海机械大王胡厥文、钢铁大王胡子昂、创办中国国际信托投资公司的荣毅仁、原天津水泥大王周叔弢，以及原四川猪鬃大王古耕虞会面，他提出了著名的"钱要用起来，人要用起来"的论断，还说："要落实对原工商业者的政策，这也包括他们的子孙后辈，只要没有继续剥削，资本家的帽子为什么不摘掉？要发挥原工商业者的作用，有真才实学的人应该用起来，能干的人就当干部。"这些话对着五位"老资本家"来谈，对当时长期受打击、受排斥、受批判、受管制的原工商业者来谈，非同寻常。

改革开放第三年，民间个体经济已经发展出星火燎原之势，但是对于意识形态和经济成分的观念问题，仍然存在很多争论，出现了"太爷鸡"风波这样的事件。熏制"太爷鸡"的个体户高德良，在1980年7月下海做个体户，开业的头一个月营业额就有7000元，他做的"太爷鸡"很快在市场上供不应求，但最让他难办的是，雇工不能超过7个，而且日常营业额超过100元就要课以2%—3%的税，这在高德良看来是对个体户的重税。当时的经济学家从马克思《资本论》中得出结论：雇工 7 个人以下，赚了钱用于自己消费的，算个体户；雇工 8 个人以上，就产生了剩余价值，就算剥削，是资本家。对此，高德良给国务院领导写信，提出 8 个自己不解的问题："个体户有没有前途？……目前对个体户的税收政策是否合理？是扶持个体户还是限制？"一周后，中央领导就对高德良的信做了批示，并派人来到广州调查，"太爷鸡"受到了当地政府的重点扶持。1981 年中央的政策也出现了"个体经济是公有制经济的必要补充"的论断。

二、框架初步建立期（1992 年—2002 年）

关键事件："92 派"企业家和《福布斯》富豪榜

从 1992 年中共十四大，到 2002 年中共十六大。邓小平发表南方讲话后，第二次下海潮，"92 派"企业家群体由此产生。这期间发生的重要事件包括：国企改制，"抓大放小"，积极推进国有企业改革和国有经济布局的结构调整；通过改组、兼并、出售、承包经营和股份合作制等，尤其是国有企业退出竞争性领域，催生大批民营企业；市场体系得到较大发展，取消了生产资料价格双轨制，进一步放开了竞争性商品和服务的价格，要素市场逐步形成。

邓小平在 1992 年的南方视察中，作了关于"三个有利于"和社会主义市场经济的讲话，给思想界带来了又一次思想大解放。之后有大批在政府机构、科研院所工作的知识分子受邓小平南方讲话的影响纷纷主动下海创业，由此形成"92派"企业家，其中的代表人物有陈东升、田源、郭凡生、冯仑、王功权、潘石屹、易小迪等。可以说"92派"企业家是反映中国改革进程的一个重要群体，有着强烈的时代印记。1992年下海潮，被认为是一次伴随着知识分子自我觉醒而兴起的最大的下海潮。在现泰康人寿保险公司董事长陈东升看来，"92派"的核心价值，一是现代企业形态的引进（1992年《有限责任公司暂行管理条例》和《股份有限公司暂行条例》两个文件出台），二是西方先进行业的经验填补上中国的空白领域，通过模仿、学习世界先进企业，在中国形成了一批标杆企业，由此开启了中国民营经济发展的新阶段。

随着"有产者"的财富积累，市场竞争的概念也在那个年代进入了大众的意识。1994年，一本当时国人只听说过，还从没看过的杂志——《福布斯》（Forbes）——首次发表了中国内地亿万富豪榜，香港一本中文杂志《资本家》刊出列入《福布斯》中国富豪榜的内地富豪共19名，前10名的资产在2亿元—6亿元之间，给中国人的财富观带来了颠覆性的震荡。靠辛苦劳动、靠知识、靠智慧、靠市场竞争可以实现财富梦想，是对过去靠出身、靠权贵、靠单位、靠组织才能出人头地的认知的全面颠覆，如何在一个生产要素全面的市场经济体系内获取财富，成为国人在1990年代普遍思考的问题。

三、体制初步完善期（2002 年—2012 年）

关键事件：民营企业的"多事之秋"和"次贷危机"

这一时期，改革进入完善社会主义市场经济体制的新阶段；科学发展观、构建社会主义和谐社会成为深化改革的重要指导思想；国务院推出"非公 36 条"，清理和修订限制非公有制经济发展的法规、规章和政策规定，放宽非公经济的市场准入，允许非公有资本进入法律法规未禁入的行业和领域；民营企业已成为市场经济的主体。

也是在这个时期，民营企业随着生存空间越来越宽松，本身也暴露出了很多问题。2003 年，对中国民营企业而言，是一个"多事之秋"。社会处在转型期，中国的民营企业家仿佛游走在风口浪尖上，尤其是在社会上被视为富豪的民营企业家在这一年里一个又一个相继倒下，恶性突发事件引发的震荡引起了全社会的关注。公众的目光主要集中于两个问题：一是民营企业家的生存环境，二是财富品质问题。如何从人文和文化的视角来改变中国民营企业家的生存状态，已成为与创富时代共生的话题。

也是在这时，中国人知道了"次贷危机"，2008 年从美国爆发的金融危机横扫全世界，中国民营中小企业存在的各种问题也不断显现，尤其是制造业，订单下降，出口极速缩减，资金更加紧张。股市和房地产也出现剧烈波动。同年，中国拉动内需、抑制经济下滑的刺激计划横空出世，这就是日后著名的"四万亿计划"，由此引出的投资配套资金，最少在十万亿以上，主要用于大型项目或国有企业身上，或是用于事关民生工程的基础设施建设上面，房地产的升温让这一阶段上规模的民营企业几乎都涉及房地产行业，产生一批这一阶段的财富新贵。

四、全面深化改革期（2012年—2022年）

关键事件：互联网企业异军突起

2012年，从党的十八大、十九大到今天，改革已不再拘泥于经济体制改革领域，而是涵盖经济建议、政治建设、文化建设、社会建设以及生态文明建设的"五位一体"的全面改革。建立"亲""清"新型政商关系，弘扬优秀企业家精神成为主线。

互联网的突起成就了一批民营企业家，"双十一购物节""电商价格战""微信红包"……互联网企业的发展速度之快、渗透领域之广，是过去传统产业无法想象的，这一批的互联网企业老板从不压抑个性，他们自由、开放、创新、张扬，马云、马化腾、李彦宏、周鸿祎、张朝阳、雷军等，每一位都以自己的方式引领着互联网创新。

2014年春节，腾讯推出微信红包瞬间走红，一夜之间催生出千百万移动支付新客户，在其后很多人彻底改变支付方式在"娱乐"中实现，互联网的发展和由此催生的商业创意令人叫绝。同一年的"双十一购物节"，阿里巴巴平台的商品成交额创下了571亿元的记录，同时，阿里还在向金融、物流、文娱等领域做全方位布局。

也是从2012年开始，中国经济遭遇"三期叠加"（增长速度换挡期、结构调整阵痛期、前期刺激政策消化期），经济增长速度明显趋缓，从过去的高速增长转向中高速增长，我国经济进入转型发展时期，民营企业要转变经济发展方式的必要性更加凸显。

五、复苏与转型期（2023年初以来）

关键事件：政府出台一系列政策，持续优化营商环境，为民企提振发展信心赋能

从2023年初开始，一些地方党委和政府纷纷通过现场调研或召开座谈会等方式，就改善和优化当地营商环境作出部署。

最为典型的是浙江省，明确决定将营商环境优化提升作为2023年的"一号改革工程"，还于4月17日召开全省大会，省委书记易炼红以"永不满足 勇立潮头 全面打造一流营商环境升级版"为题，表示要"争当优化提升营商环境的'领跑者'"，"要把优化提升营商环境放到新方位、大逻辑中去把握、去谋划、去推进，切实增强'坐不住、等不起、慢不得'的危机感紧迫感使命感，以思想提升引领环境跃升，以行动突进带动发展突围"。

这种"坐不住、等不起、慢不得的危机感紧迫感使命感",在全国颇具代表性、普遍性。究其缘由:

一方面是中央高度重视。习近平总书记在党的二十大报告中指出,"完善产权保护、市场准入、公平竞争、社会信用等市场经济基础制度,优化营商环境"、"营造市场化、法治化、国际化一流营商环境",本届国务院总理李强上任第一天也明确表示:"民营经济的发展环境会越来越好,发展空间会越来越大。我们将在新起点上大力营造市场化、法治化、国际化营商环境。"

另一方面是民营企业中出现引人担忧的发展信心走低势头,尤以投资意愿不振为突出问题。数据表明,全社会固定资产投资中,民间投资原本占一半以上份额,但近些年民间固定资产投资增长率一降再降,疫情三年间更是跌至"归零",2023年1至4月仍低至0.4%,这直接影响到整个国民经济增速减缓。更为极端的是,民营企业中将公司一"卖"了之者有之,一"关"了之者有之,甚至不乏一"走"了之者。

毫无疑问,在中国这样一个有14亿多人口的大国兴办市场经济,又处于社会主义初级阶段,量大面广的民营企业,发展参差不齐,是一种必然现象。因此,对民营企业中出现一定程度的信心缺失,既不能视而不见,也不必大惊小怪。

民营企业从来都是在惊涛骇浪中砥砺前行的,市场经济的发展也从来都在检验和锤炼着民营企业的发展信心。无数事实证明:千磨万击中,往往是有信心者胜。但是,客观地看,相对于以往,近年来民营企业中发展信心不足问题显得比较突出、尖锐，主要是有多种原因交集叠加，即疫情对国内外供应链、生产链的冲击、头部企业调整及其连锁反应，转型升级压力，政策举措存在边际效益递减（获得感减弱）效应，以及西方国家无休止的严酷打压……这些都造成整个营商环境趋紧，使得不少企业一时喘不过气来，出现不同程度的信心动摇，或迷茫，或焦虑，或观望，或"躺平"……

很显然，各地密集出台优化营商环境举措，具有很强的针对性，而且大多出自在短期内尽快稳预期、稳市场主体、使民间投资止跌回升的迫切愿望。这种善意的释放，既为现实所需，也产生了一定的政策效应。再加上抗疫转段平稳，原有供应链、生产链加快接续等，让不少民营企业已直接感受到市场回暖、订单增多、忙碌指数飙升。

统计显示，2023 年一季度全国新设民营企业户数 203.9 万户，同比增长 10.7%。其中，北京市新设 6.8 万户，同比增长 21%，平均每天 755 家企业诞生，呈现出良好发展势头。多家权威国际机构纷纷上调 2023 年中国经济增长预期。例如，世界银行在 2023 年 6 月 6 日发布的专题报告中，将中国 2023 年的经济增速预期从 1 月和 4 月先后两次作出的预测数（4.3% 和 5.1%）上调至 5.6%，经济发展与合作组织 6 月 7 日也发布最新全球经济展望，亮点之一就是预测中国的经济增长率将达到 5.4%，而在 2023 年 3 月中旬该组织已作出 5.3% 的预期上调。这些上调预期都反映了国际社会对中国经济强劲复苏、向好攀升越来越有信心。反过来，对广大民营企业进一步坚定自己的发展信心也有启发和推动作用。

2023 年 7 月 19 日，《中共中央 国务院关于促进民营经济发展壮大的意见》发布，随后以国家发展改革委员会牵头，诸多中央部委和省、直辖市、自治区跟随出台系列优化营商环境、提振民营经济信心的政策。这是 2023 年民营经济发展中最突出的事件。优化营商环境，提振民营企业信心，成为上升到国家层面的重要课题，全国上下期待在营商环境、民营企业信心领域工作有大突破，促进中国经济的强劲复苏和逆势腾飞。

第三节　中国民营经济的经济社会贡献

一、中国民营经济的经济贡献

改革开放以来，以民营企业和外资企业为代表的非公有制经济，作为我国经济的重要组成部分和推进中国式现代化进程的重要力量，在促进经济增长、促进贸易、改善民生、调动积极性、激发创新活力上发挥着重要作用，是中国经济中最活跃的部分，是中国经济中的重要的财富创造者。并且，作为出口贸易中最主要的发力者，民营经济为国际国内双循环提供强有力的支撑和保障。促进私营经济等非公有制经济的发展能显著提高全社会资本效率和全社会生产要素效率的提高。

根据国家统计局资料显示，从 2012 年到 2022 年，（1）民营企业的税收占比从 48% 提升到 59.6%；（2）私营工业企业吸纳就业占比从 32.1% 提高到 48.3%；（3）民营企业数量占比从 79.4% 增长到 93.3%；（4）2022 年民营企业外贸占比高达 50.9%。另外，全国工商联发布的 2022 中国民营企业 500 强榜单显示，500 强企业的营业总收入达 38.32 万亿元，入围门槛达 263.67 亿元。民营企业对中国经济增长的贡献巨大。有民营经济的"五、六、七、八、九"说法，即民营企业在我国企业中占比 90%，贡献了 80% 以上的城镇就业、70% 以上的技术创新成果、60% 以上的 GDP、50% 的税收。

民营经济占据国内生产总值半壁江山，成为推动经济增长重要力量，是推进中国式现代化的生力军，是高质量发展的重要基础，是推动我国全面建成社会主义现代化强国、实现第二个百年奋斗目标的重要力量。

二、中国民营经济的社会贡献——中国光彩事业

中国民营经济的社会贡献主要体现在发展"中国光彩事业"。讲坛主讲之一余敏安先生指出，光彩事业是我国非公有制经济人士于 1994 年为配合《国家八七扶贫攻坚计划》而发起实施的一项社会扶贫事业。1994 年 4 月 23 日，在中央统战部、全国工商联组织推动下，10 位民营企业家发出了《让我们投身到扶贫的光彩事业中来》的倡议，号召全国先富起来的民营企业家到

老、少、边、穷地区兴办项目、开发资源，为缩小地区差异、促进共同富裕作贡献。中央政府先后在1995年成立了中国光彩事业促进会，2002年设立中央统战部光彩事业指导中心，2005年又专门成立中国光彩事业基金会。

中国光彩事业先后总结和提炼出一些理念和精神，如表2—1所示。

表2-1　光彩事业理念与精神

光彩理念	义利兼顾（1996年）；义利兼顾、以义为先（2010年）
光彩精神	致富思源、富而思进，扶危济困、共同富裕，义利兼顾、德行并重，发展企业、回馈社会。（2001年） 致富思源、富而思进，扶危济困、共同富裕，义利兼顾、以义为先，发展企业、回馈社会。（2010年） 致富思源、富而思进，义利兼顾、以义为先，扶危济困、共同富裕。（2015年） 义利兼顾、以义为先，自强不息、止于至善（2021）

中国光彩事业开展一系列经典活动、促成一系列经典事件，对扶贫公益作出很多贡献。如中国光彩事业凉山行、南疆行、西藏行等，"万企帮万村"精准扶贫行动，西藏先心病儿童救治项目、关爱留守儿童"光彩爱心家园—乐和之家"项目、四川芦山地震灾后重建猕猴桃产业项目、宁夏同心县移民搬迁枸杞产业项目等等系列行动和活动。2014年11月，国务院办公厅在其下发的《关于进一步动员社会各方面力量参与扶贫开发的意见》（国办发〔2014〕58号）中，将光彩事业作为当前扶贫公益品牌的第一位，号召继续发挥品牌效应，积极引导社会各方面资源向贫困地区聚集。2015年12月，中国光彩事业促进会被民政部评为"全国先进社会组织"。2020年，民营企业

几乎占据了企业慈善捐款总额的一半金额，贡献占比达 51.79%。

第四节　民营经济理论的创新发展

党的十四大以来，党中央高度重视民营经济发展，陆续出台了一系列支持民营经济发展的改革举措，中央领导们也围绕坚持"两个毫不动摇"、促进"两个健康"等发表了一系列重要讲话，作出了一系列重要指示批示，提出了一系列新思想、新观点、新论断，系统阐述了民营经济的性质地位、发展方向和内在要求，并逐渐凝练成习近平新时代中国特色社会主义思想的重要组成部分，为民营经济健康发展和民营经济人士健康成长提供了理论指导和根本遵循。党的二十大再次强调坚持"两个毫不动摇"，明确提出"促进民营经济发展壮大"的重要部署，为全面建设社会主义现代化国家、全面推进中华民族伟大复兴汇聚起民营经济人士的磅礴力量。

明确"两个毫不动摇"为中国特色社会主义基本方略

党的十九大报告把"两个毫不动摇"写入新时代坚持和发展中国特色社会主义的基本方略，作为党和国家一项大政方针进一步确定下来。党的二十大报告再次强调"两个毫不动摇"，即"毫不动摇巩固和发展公有制经济，毫不动摇鼓励、支持、引导非公有制经济发展"。自从党的十六大首次明确提出"两个毫不动摇"，我们党在支持民营经济发展上的观点是明确的、一贯的，而且是不断深化的，从来没有动摇。在"两个毫不动摇"大政方针指引下，在一系列政策的鼓励、支持、引导下，民营经济从小到大、从弱到强、蓬勃发展，贡献了50%以上的税收、60%以上的国内生产总值，70%以上的技术创新成果、80%以上的城镇劳动就业、90%以上的企业数量，在国家级专精特新"小巨人"企业中，数量占比超过80%，民营经济已经成为推动我国发展不可或缺的力量，是创业就业的主要领域、技术创新的重要主体、国家税收的重要来源。我国经济发展能够创造中国奇迹，民营经济功不可没！

二、明确定性民营企业和民营企业家是自己人

20世纪90年代，我国民营经济获得迅速发展，客观上推动了改革开放的系统性推进和深化，同时发展中遇到一些"所有制歧视"，2001年首次将民营企业家定位为"中国特色社会主义建设者"。2018年，中央明确指出"民营经济是我国经济制度的内在要素，民营企业和民营企业家是我们自己人"。这一创新论断，充分肯定了民营经济的地位作用，释放了支持民营经济发展的信号，表明党和政府毫不动摇鼓励支持引导民营经济的方针政策不会改变，致力于为民营经济发展营造良好环境和提供更多机会的方针政策不会改变，极大地鼓舞了民营企业家的信心，也必将促进民营经济走向更加广阔的舞台。这一论断也表明了党对民营经济的认识和定位达到了新的高度，是党

在坚持和发展社会主义基本经济制度上取得的又一次重大理论成果。

三、明确作出"两个始终是"新论断

2020 年 9 月，中共中央办公厅公开发布《关于加强新时代民营经济统战工作的意见》，首次提出"两个始终是"新论断，即：民营经济作为我国经济制度的内在要素，始终是坚持和发展中国特色社会主义的重要经济基础；民营经济人士作为我们自己人，始终是我们党长期执政必须团结和依靠的重要力量。"两个始终是"重要论断进一步明确了民营经济和民营经济人士在社会主义事业中的重要地位作用，科学回答了民营经济发展"为了谁"和"依靠谁"的问题，充分表明党和国家把民营企业和民营企业家当作"自己人"，是长期的、持久的、不变的，发展民营经济不是权宜之计，而是长久之策、固本之举。

四、"全体人民共同富裕"赋予民营经济发展新目标

实现全体人民的共同富裕，是中国特色社会主义区别于资本主义的显著标志。在 1992 年，邓小平南方谈话时就提出，社会主义的本质，是解放生产力，发展生产力，消灭剥削，消除两极分化，最终达到共同富裕。党的十八大以来，党中央把实现全体人民的共同富裕摆在更加重要的位置上，强

调坚持公有制为主体，多种所有制经济共同发展，允许一部分人先富起来，同时强调先富带后富、帮后富，重点鼓励辛勤劳动、合法经营、敢于创业的致富带头人。党的二十大报告旗帜鲜明地提出，"中国式现代化是全体人民共同富裕的现代化"，并提出"引导、支持有意愿有能力的企业、社会组织和个人积极参与公益慈善事业"。实现共同富裕，与中国共产党全心全意为人民服务的根本宗旨是一致的，与中华民族伟大复兴奋斗目标是一致的。民营企业是做大蛋糕、创造财富的重要主体，也是分好蛋糕、分配财富的重要一环，是实现共同富裕的重要力量。广大民营经济人士要继承和发扬中华民族扶危济困的传统美德，致富思源、富而思进，与员工和合作伙伴携手共建利益共同体、事业共同体和命运共同体，并在增加就业、乡村振兴、社会治理、光彩事业等方面力所能及多作贡献，以先富带后富，实现共同富裕。在共同富裕进程中，市场潜力、消费需求、投资需求进一步扩大，将为民营经济开拓新发展空间，提供新发展动能。

五、明确揭示优秀企业家精神的时代内涵

党中央高度重视优秀企业家精神在经济社会发展中的重要作用。党的十九大报告鲜明提出，"激发和保护企业家精神，鼓励更多社会主体投身创新创业"，"企业家要带领企业战胜当前的困难，走向更辉煌的未来，就要在爱国、创新、诚信、社会责任和国际视野等方面不断提升自己，努力成为

新时代构建新发展格局、建设现代化经济体系、推动高质量发展的生力军"。党的二十大报告提出"完善中国特色现代企业制度，弘扬企业家精神，加快建设世界一流企业"。一切美好梦想的实现，都需要强大的精神激励，优秀企业家精神在推动我国经济破浪前行中发挥了重要作用。在中国式现代化的道路上，广大民营企业家要进一步坚定文化自信、增强文化自觉，从中华优秀传统文化中汲取营养和智慧，提升思想境界、厚植天下情怀，不仅成为物质财富的创造者，更要成为中华优秀传统文化精神财富传承者，为中国式现代化增光添彩。

六、把社会主义市场经济体制写入党章

党的十九届四中全会指出，"公有制为主体、多种所有制经济共同发展，按劳分配为主体、多种分配方式并存，社会主义市场经济体制等社会主义基本经济制度，既体现了社会主义制度优越性，又同我国社会主义初级阶段社会生产力发展水平相适应，是党和人民的伟大创造。"党的二十大新修改的党章，写入"必须坚持和完善公有制为主体、多种所有制经济共同发展，按劳分配为主体、多种分配方式并存，社会主义市场经济体制等基本经济制度"，作为全党的行为规范和根本遵循，确立了基本经济制度的长期性、稳定性，极大地提振和鼓舞民营经济人士信心和预期。对党章的上述修改有利于进一步凝聚共识，充分发挥市场在资源配置中的决定性作用，更好发挥政

府作用，引导民营企业家充分发挥聪明才智，安心做企业、谋发展，让民营经济创新源泉充分涌流，让民营经济创造活力充分迸发，有利于引导民营经济人士把思想和行动统一到党和国家战略上来，深刻领悟"两个确立"的决定性意义，增强"四个意识"，坚定"四个自信"，做到"两个维护"，坚定不移听党话、跟党走。

七、明确提出规范和引导资本健康发展

资本是市场经济的重要生产要素。近年来，我国资本市场快速发展，在促进经济发展、提升人民福祉、增强我国综合国力的同时，也在部分领域野蛮生长、无序扩张，依法规范和引导资本健康发展已经成为党领导经济工作的重要内容和不容回避的重大课题。中央多次就规范和引导资本发展的重大意义、资本的性质和作用、资本运行的总体要求作出阐述，提出制定"红绿灯"、加强资本领域反腐败、坚决打击以权力为依托的资本逐利行为等明确要求；强调既要发挥资本作为生产要素的积极作用，也要认识到资本具有逐利本性，有效控制其消极作用，使各类资本始终服从和服务于人民和国家利益。党的二十大报告再次强调加强反垄断和反不正当竞争、依法规范和引导资本健康发展。依法规范和引导资本健康发展，对企业发展是规范扶正，对行业环境是清理净化，对公平竞争是有力保护，有利于促进民营经济健康发展。广大民营资本主体只有牢固树立法治观念，积极拥抱监管，践行社会主

义核心价值观，讲信用信义，重社会责任，走人间正道，才能走向更加广阔的舞台。

在中国共产党的坚强领导下，在党的一系列理论方针政策的支持下，广大民营经济人士奋发有为、接续奋斗，为增强我国经济实力、增进民生福祉作出了卓越贡献、取得了非凡成就。展望未来，民营经济人士要高举中国特色社会主义伟大旗帜，以党的二十大精神为指引，坚定信心、砥砺前行，在以中国式现代化全面推进中华民族伟大复兴的新征程中再创新业、再立新功。

（此章节内容根据黄文夫、张志勇等研究成果，由余敏安、章晓洪、张少龙、焦长勇、潘士远、顾永庚、龚明、杨秉兴、潘高东、衡振兴、王帅、成妃、夏彧等加工整理而成。）

评价标准

Chinese Modernization
and the Healthy Development of the Private Economy

第三章
民营经济健康发展与民营企业家
健康成长

第一节　疫情后处于艰难发展阶段的民营经济

在经济增速从高速向中高速切换、主要经济体贸易保护主义蔓延的大背景下，民营企业也进入了艰难的发展阶段。决策部门早在 2016 年就已经开始面向民间投资推出支持政策，到 2018 年，针对当时"国进民退"的舆论环境以及民营经济发展总体放缓的问题，决策层更是全方位入手推动了一轮面向民营经济的支持政策出台和体制机制改革，并在短期内产生了一定效果。但是，民营企业发展的内生动力并没有得到彻底激发，民营经济的收敛态势仍未逆转。尤其是2023年以来，疫情冲击的疤痕效应叠加总需求的疲弱进一步加剧了民营企业的困境。与民营企业相关的部分经济指标出现恶化凸显了这一问题的严重程度：

民间固定资产投资同比增速在2023年5月以来进入负值区间，这是2020年疫情暴发当年之外首次出现负增长。

民间企业在固定资产投资中的比重已经从2015年年中历史最高值的65.4%降到了2023年的不足52%。

私营工业企业出现亏损的比例自2018年以来显著上升，截至今年9月份，该比例已经超过25%，为2001年以来历史同期最高水平。

私营工业企业营业收入利润率也降至了历史低位，2023年前9月仅为4.12%，较2017年同期下降1.58个百分点。

私营工业企业资产负债率却升至历史最高位，2023年4月以来突破60%，9月升至60.4%，较2017年同期高9个百分点。

私营工业企业增加值同比增速降至历史同期最低（不考虑疫情暴发冲击最大的2020年），2023年前9月仅录得2.3%，较2017年同期低3.8个百分点。

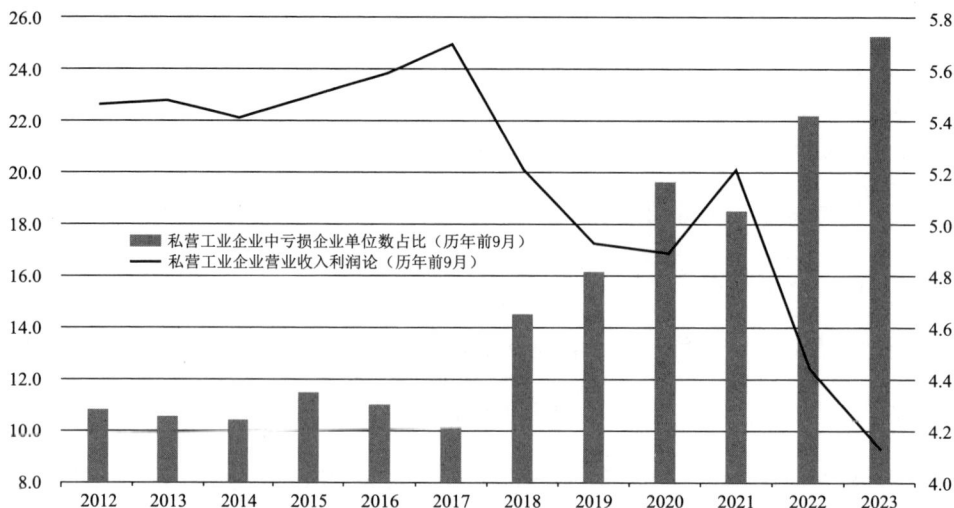

图 3-1　私营工业企业营业收入利润率创新低、亏损企业单位数占比创新高

第二节　促进民营经济发展的政策面举措

一、促进民营经济发展的政策密集颁布

民营经济的严峻形势，促使政府在民营经济发展领域再次密集施策。

2023 年 7 月 19 日，《中共中央 国务院关于促进民营经济发展壮大的意见》（以下简称《意见》）发布，肯定了民营经济的重要地位和作用，回应了民营企业的重点关切，针对民营企业的痛点难点提出了系列政策举措。

《意见》提出要坚持稳中求进工作总基调，完整、准确、全面贯彻新发展理念，加快构建新发展格局，着力推动高质量发展，坚持社会主义市场经济改革方向，坚持"两个毫不动摇"，加快营造市场化、法治化、国际化一流营商环境，优化民营经济发展环境，依法保护民营企业产权和企业家权益，全面构建亲清政商关系，使各种所有制经济依法平等使用生产要素、公平参与市场竞争、同等受到法律保护，引导民营企业通过自身改革发展、合规经营、转型升级不断提升发展质量，促进民营经济做大做优做强，在全面建设社会主义现代化国家新征程中作出积极贡献，在中华民族伟大复兴历史进程中肩负起更大使命、承担起更重责任、发挥出更大作用。

2023 年 7 月 24 日，国家发改委发布《关于进一步抓好抓实促进民间投资工作、努力调动民间投资积极性的通知》，提出 17 项具体措施，着力推动民间投资高质量发展。

（1）在优化民间投资项目融资支持方面，充分发挥与国家开发银行、中国工商银行、中信银行等 7 家银行建立的投贷联动机制的作用，向有关银行推送了首批 715 个民间投资的项目。

（2）在向民间资本推荐项目方面，推动各地梳理报送了重大项目清单、产业项目清单、特许经营项目清单等三张拟向民间资本推介的项目清单。

（3）在畅通民间投资问题反映渠道方面，依托投资项目在线审批监管平台，建立民间投资问题反映专栏等。

（4）在推动民间投资项目发行基础设施领域不动产投资信托基金（REITs）

方面，加强前期辅导工作力度，积极推动民间投资项目发行基础设施 REITs。

（5）在引导民间投资科学决策方面，2023 年 8 月 25 日，会同全国工商联举办了民营企业投资项目前期工作质量提升专题培训。

2023 年 7 月 26 日，最高人民检察院印发《关于依法惩治和预防民营企业内部人员侵害民营企业合法权益犯罪、为民营经济发展营造良好法治环境的意见》，对检察履职提出具体要求，进一步完善了相关体制机制。

2023 年 7 月 28 日，国家发展改革委、市场监管总局、税务总局等 8 部门印发《关于实施促进民营经济发展近期若干举措的通知》，聚焦促进公平准入、强化要素支持、加强法治保障、优化涉企服务、营造良好氛围等方面，提出了 28 条具体措施。包括：

（1）延长政府采购工程面向中小企业的预留份额提高至 40% 以上的政策期限至 2023 年底。

（2）持续确保出口企业正常出口退税平均办理时间在 6 个工作日内，将办理一类、二类出口企业正常出口退（免）税的平均时间压缩在 3 个工作日内政策延续实施至 2024 年底。

（3）延长普惠小微贷款支持工具期限至 2024 年底，持续加大普惠金融支持力度等。

2023 年 7 月 31 日，最高人民法院发布 11 个人民法院依法保护民营企业产权和企业家权益典型案例。

2023 年 8 月 1 日，财政部、税务总局发布《关于增值税小规模纳税人减免增值税政策的公告》，延续了小规模纳税人增值税减免政策。包括：

（1）对月销售额 10 万元以下（含本数）的增值税小规模纳税人，免征增值税。

（2）增值税小规模纳税人适用 3% 征收率的应税销售收入，减按 1% 征收率征收增值税；适用 3% 预征率的预缴增值税项目，减按 1% 预征率预缴增值税。

（3）公告执行至 2027 年 12 月 31 日。

2023 年 8 月 5 日，国家发展改革委发布《关于完善政府诚信履约机制优化民营经济发展环境的通知》，围绕建立违约失信信息源头获取和认定机制、健全失信惩戒和信用修复机制、强化工作落实的政策保障等 3 个方面提出 9 条举措，包括：各省级社会信用体系建设牵头部门要依托本级信用网站、国务院"互联网＋督查"平台、工信部门"违约拖欠中小企业款项登记（投诉）平台"、本地 12345 政务服务热线、营商环境投诉举报平台、信访部门等渠道建立或完善违约失信投诉专栏，受理、归集本辖区涉及政府部门（含机关和事业单位）的违约失信投诉。对于存在失信记录的相关主体，国家发展改革委将按规定限制中央预算内资金支持、限制地方政府专项债券申请、限制各类融资项目推荐等。

2023 年 8 月 6 日，国家税务总局发布《关于接续推出和优化"便民办税春风行动"措施、促进民营经济发展壮大服务高质量发展的通知》，重点围绕支持中小微企业和个体工商户发展等方面，推出和优化 28 条措施。主要包括：

（1）纳税人因各种原因未在今年7月征期内及时享受研发费用加计扣除政策的，可在8、9月份由纳税人通过变更第二季度（或6月份）企业所得税预缴申报的方式补充享受。

（2）对"企业财务会计制度"等11项证明材料采用调阅复用措施，减少资料重复报送，减轻办税缴费负担。

（3）设立12366跨境服务咨询专线，加强跨境经营高频疑难涉税问题的收集整理，推出并不断完善"跨境纳税人疑难问题解答"，拓宽民营企业解疑释惑渠道等。

2023年8月30日，金融管理部门联合全国工商联召开金融支持民营企业发展工作推进会，人民银行等金融管理部门抓紧研究制定金融支持民营经济发展的政策举措。会议指出，近年来，在金融系统的大力支持下，金融普惠受益面不断扩大，民营企业获得感不断提升。希望金融机构继续提升金融服务质量和水平，支持民营企业从信贷、债券、股权三方面拓宽融资渠道，更好满足民营企业多元化融资需求。工商联要积极做好引导服务工作，深入贯彻与有关金融机构签署的战略合作协议，积极搭建银企沟通对接平台，强化对民营企业的教育培训，为民营企业融资创造有利条件。民营企业要坚持依法规范经营，努力实现自身健康发展、高质量发展，提升融资能力和水平。

2023年9月4日，国家发改委副主任丛亮在国新办发布会上公布，中央编办正式批复在国家发展改革委内部设立民营经济发展局，作为促进民营经济发展壮大的专门机构。民营经济发展局的主要职责是：跟踪了解和分析研判民营经济发展状况，统筹协调、组织拟订促进民营经济发展的政策措施，拟订促进民间投资发展政策。建立与民营企业的常态化沟通交流机制，协调解决民营经济发展重大问题，协调支持民营经济提升国际竞争力。

此后，地方政府也在陆续跟进，如表 3-1 所示。

这可以说是近年来第二轮密集推动民营经济发展的政策周期。考虑到民营经济面临的发展环境在持续改革与政策支持下已有一定程度改善，本轮面向民营经济的政策周期内出台的相关政策，要求精细化程度更高，也需要比过去更具针对性。

二、优化营商环境提振民营经济信心的政策与策略

民营经济是推进中国式现代化的生力军，是高质量发展的重要基础，是推动我国全面建成社会主义现代化强国、实现第二个百年奋斗目标的重要力量。要提振民营企业发展信心，需要多管齐下。比如弘扬企业家精神、着力突破西方国家"卡脖子"技术封堵等，但优化营商环境无疑是至关重要的。营商环境，又称宜商环境，通常包括硬环境和软环境，硬环境是指基础设施环境、生活设施环境、生态环境、产业配套环境和园区环境等；软环境则包括法治环境、体制机制环境（生产要素市场环境）、政府服务环境、政策环境、人文环境、市场环境、社会环境等方面。其中，软环境最重要。软环境里面关键的是法治环境、体制机制环境、市场环境和

表 3-1 《关于促进民营经济发展壮大的意见》发布以来，
有关部委、地方政府 2023 年陆续发布的措施

7 月 19 日 中共中央、国务院	《关于促进民营经济发展壮大的意见》
7 月 24 国家发展改革委	《关于进一步抓好抓实促进民间投资工作努力调动民间投资积极性的通知》
8 月 1 日 国家发展改革委联合多部委	《关于实施促进民营经济发展近期若干举措的通知》
8 月 3 日 中国人民银行	召开金融支持民营企业发展座谈会
8 月 6 国家税务总局	《关于接续推出和优化"便民办税春风行动"措施促进民营经济发展壮大服务高质量发展的通知》
8 月 5 日 国家发展改革委	《关于完善政府诚信履约机制优化民营经济发展环境的通知》
8 月 9 日 国务院办公厅	《提升行政执法质量三年行动计划（2023—2025 年)》
8 月 10 日 国家发展改革委	《关于完善政府诚信履约机制优化民营经济发展环境的通知》
8 月 30 日 金融管理部门联合全国工商联	召开金融支持民营企业发展工作推进会
9 月 4 日 发改委宣布、中央编办已批复	在国家发改委设立民营经济发展局
9 月 15 日 国家市场监管总局	《市场监管部门促进民营经济发展的若干举措》
10 月 10 日 最高人民法院	《关于优化法治环境促进民营经济发展壮大的指导意见》
10 月 23 日 最高人民检察院	《关于全面履行检察职能推动民营经济发展壮大的意见》
11 月 8 日 国务院办公厅	《关于规范实施政府和社会资本合作新机制的指导意见》
8 月 14 日 青海省政府办公厅	《青海省支持个体工商户发展若干措施》
8 月 23 日 广西壮族自治区政府	《关于促进个体工商户高质量发展的若干措施》

续表 3-1

8月25日 福建省委、省人民政府	《关于实施新时代民营经济强省战略推进高质量发展的意见》
9月2日 河北省人民政府办公厅	《河北省促进民间投资高质量发展的若干措施》
9月20日 重庆市发改委	《重庆市进一步加大力度支持民间投资发展的若干政策措施》
9月25日 甘肃省政府	《关于进一步促进民营经济发展的近期若干措施》
11月9日 云南省委省人民政府	《关于加快民营经济高质量发展的意见》
11月9日 天津市人民政府	《关于促进民营经济发展壮大的若干措施》
11月10日 新疆维吾尔自治区党委、自治区政府	召开全区民营经济高质量发展大会并介绍《自治区关于促进民营经济发展壮大的若干政策措施》
3月31日 海南省人民政府办公厅	《关于支持民营经济发展的若干措施》
4月、5月 陕西省委、省政府，陕西省知识产权局、人社厅	《大力服务民营经济高质量发展十条措施》《知识产权服务民营经济高质量发展工作措施（2023—2025年）》《关于做好支持全省民营企业高质量发展有关工作的通知》
5月25日 上海市发展和改革委员会	《上海市加大力度支持民间投资发展若干政策措施》
6月8日 山西省司法厅	《山西省民营经济发展促进条例（草案）（征求意见稿）》
6月18日 重庆市委、市人民政府	《关于促进民营经济高质量发展的实施意见》
7月6日 四川省委办公厅、省政府办公厅	《四川省民营经济发展环境提升行动方案》《关于促进民营企业发展壮大的若干措施》《关于进一步促进个体工商户发展的若干措施》
备注：部分省自治区、直辖市在2023年推出的促进经济持续回升向好的政策措施涉及民营企业；多地已召开民营企业座谈会、听取民营企业意见和建议；部分省份的地、市、区也在面向当地推出民营经济发展的措施。与此同时，在7月19日之前，已有省、自治区、直辖市出台支持民营经济的相关措施；个别省份以条例形式在中长期支持民营企业发展；有个别地区已建立支持民营经济高质量发展的例行制度。	

尊重民营企业家干事创业的社会氛围，再往后就是政府服务环境。硬环境方面，基础设施、生活设施是加大投资就能改善的，最需要重视的是改善生态环境。

优化营商环境，核心是要以放权赋能改革牵引营商环境优化，用足用好下放权限，进一步优化办事流程，提高服务质效，努力构建市场化、法治化、国际化一流营商环境。

尊重竞争中性原则成为优先营商环境新标尺。所谓竞争中性原则，即在要素获取、准入许可、经营运行、政府采购和招投标等方面，对各类所有制企业平等对待。竞争是市场经济的本质要求，当前很迫切的一项任务就是要确立竞争中性原则，这需要采取多方面的措施，包括：（1）在市场准入上对各类所有制主体给予平等的待遇，进一步缩减市场准入的负面清单，推动非禁既入规则的落实，提高民营企业使用土地、资金等生产要素的机会和可得性；（2）在市场准入上为非公经营降低门槛，扫清障碍，在法律保护制度上对民营企业一视同仁；（3）还要强化竞争政策的基础性地位，加快建立公平竞争审查制度。

坚持稳中求进工作总基调，完整、准确、全面贯彻新发展理念，加快构建新发展格局，着力推动高质量发展，坚持社会主义市场经济改革方向，坚持"两个毫不动摇"，加快营造市场化、法治化、国际化一流营商环境，优化民营经济发展环境，依法保护民营企业产权和企业家权益，全面构建亲清政商关系，使各种所有制经济依法平等使用生产要素、公平参与市场竞争、同等受到法律保护，引导民营企业通过自身改革发展、合规经营、转型升级不断提升发展质量，促进民营经济做大做优做强，在全面建设社会主义现代化国家新征程中作出积极贡献，在中华民族伟大复兴历史进程中肩负起更大使命、承担起更重责任、发挥出更大作用。

根据《中共中央 国务院关于促进民营经济发展壮大的意见》（2023 年 7 月 14 日）文件精神，优化营商环境的政策和策略有如下七条。

（一）持续优化民营经济发展市场环境

构建高水平社会主义市场经济体制，持续优化稳定公平透明可预期的发展环境，充分激发民营经济生机活力。

（1）持续破除市场准入壁垒。各地区各部门不得以备案、注册、年检、认定、认证、指定、要求设立分公司等形式设定或变相设定准入障碍。清理规范行政审批、许可、备案等政务服务事项的前置条件和审批标准，不得将政务服务事项转为中介服务事项，没有法律法规依据不得在政务服务前要求企业自行检测、检验、认证、鉴定、公证或提供证明等。稳步开展市场准入效能评估，建立市场准入壁垒投诉和处理回应机制，完善典型案例归集和通报制度。

（2）全面落实公平竞争政策制度。强化竞争政策基础地位，健全公平竞争制度框架和政策实施机制，坚持对各类所有制企业一视同仁、平等对待。强化制止滥用行政权力排除限制竞争的反垄断执法。未经公平竞争不得授予经营者特许经营权，不得限定经营、购买、使用特定经营者提供的商品和服务。定期推出市场干预行为负面清单，及时清理废除含有地方保护、市场分割、指定交易等妨碍统一市场和公平竞争的政策。优化完善产业政策实施方式，建立涉企优惠政策目录清单并及时向社会公开。

（3）完善社会信用激励约束机制。完善信用信息记录和共享体系，全面推广信用承诺制度，将承诺和履约信息纳入信用记录。发挥信用激励机制作用，提升信用良好企业获得感。完善信用约束机制，依法依规按照失信惩戒措施清单对责任主体实施惩戒。健全失信行为纠正后的信用修复机制，研究出台相关管理办法。完善政府诚信履约机制，建立健全政务失信记录和惩戒制度，将机关、事业单位的违约毁约、拖欠账款、拒不履行司法裁判等失信信息纳入全国信用信息共享平台。

（4）完善市场化重整机制。鼓励民营企业盘活存量资产回收资金。坚持精准识别、分类施策，对陷入财务困境但仍具有发展前景和挽救价值的企业，按照市场化、法治化原则，积极适用破产重整、破产和解程序。推动修订企业破产法并完善配套制度。优化个体工商户转企业相关政策，降低转换成本。

（二）强化民营经济发展法治保障

健全对各类所有制经济平等保护的法治环境，为民营经济发展营造良好稳定的预期。

（5）依法保护民营企业产权和企业家权益。防止和纠正利用行政或刑事手段干预经济纠纷，以及执法司法中的地方保护主义。进一步规范涉产权强制性措施，避免超权限、超范围、超数额、超时限查封扣押冻结财产。对不宜查封扣押冻结的经营性涉案财物，在保证侦查活动正常进行的同时，可以允许有关当事人继续合理使用，并采取必要的保值保管措施，最大限度减少侦查办案对正常办公和合法生产经营的影响。完善涉企案件申诉、再审等机制，健全冤错案件有效防范和常态化纠正机制。

（6）构建民营企业源头防范和治理腐败的体制机制。出台司法解释，依法加大对民营企业工作人员职务侵占、挪用资金、受贿等腐败行为的惩处力度。健全涉案财物追缴处置机制。深化涉案企业合规改革，推动民营企业合规守法经营。强化民营企业腐败源头治理，引导民营企业建立严格的审计监督体系和财会制度。充分发挥民营企业党组织的作用，推动企业加强法治教育，营造诚信廉洁的企业文化氛围。建立多元主体参与的民营企业腐败治理机制。推动建设法治民营企业、清廉民营企业。

（7）持续完善知识产权保护体系。加大对民营中小微企业原始创新保护力度。严格落实知识产权侵权惩罚性赔偿、行为保全等制度。建立知识产权侵权和行政非诉执行快速处理机制，健全知识产权法院跨区域管辖制度。研究完善商业改进、文化创意等创新成果的知识产权保护办法，严厉打击侵犯商业秘密、仿冒混淆等不正当竞争行为和恶意抢注商标等违法行为。加大对侵犯知识产权违法犯罪行为的刑事打击力度。完善海外知识产权纠纷应对指导机制。

（8）完善监管执法体系。加强监管标准化规范化建设，依法公开监管标准和规则，增强监管制度和政策的稳定性、可预期性。提高监管公平性、规范性、简约性，杜绝选择性执法和让企业"自证清白"式监管。鼓励跨行政区域按规定联合发布统一监管政策法规及标准规范，开展联动执法。按照教育与处罚相结合原则，推行告知、提醒、劝导等执法方式，对初次违法且危害后果轻微并及时改正的依法不予行政处罚。

（9）健全涉企收费长效监管机制。持续完善政府定价的涉企收费清单制度，进行常态化公示，接受企业和社会监督。畅通涉企违规收费投诉举报渠道，建立规范的问题线索部门共享和转办机制，综合采取市场监管、行业监管、信用监管等手段实施联合惩戒，公开曝光违规收费典型案例。

（三）持续营造关心和促进民营经济发展壮大社会氛围

引导和支持民营经济履行社会责任，展现良好形象，更好与舆论互动，营造正确认识、充分尊重、积极关心民营经济的良好社会氛围。

（10）引导全社会客观正确全面认识民营经济和民营经济人士。加强理论研究和宣传，坚持实事求是、客观公正，把握好正确舆论导向，引导社会正确认识民营经济的重大贡献和重要作用，正确看待民营经济人士通过合法合规经营获得的财富。坚决抵制、及时批驳澄清质疑社会主义基本经济制度、否定和弱化民营经济的错误言论与做法，及时回应关切、打消顾虑。

（11）培育尊重民营经济创新创业的舆论环境。加强对优秀企业家先进事迹、加快建设世界一流企业的宣传报道，凝聚崇尚创新创业正能量，增强企业家的荣誉感和社会价值感。营造鼓励创新、宽容失败的舆论环境和时代氛围，对民营经济人士合法经营中出现的失误失败给予理解、宽容、帮助。建立部门协作机制，依法严厉打击以负面舆情为要挟进行勒索等行为，健全相关举报机制，降低企业维权成本。

（12）支持民营企业更好履行社会责任。教育引导民营企业自觉担负促进共同富裕的社会责任，在企业内部积极构建和谐劳动关系，推动构建全体员工利益共同体，让企业发展成果更公平惠及全体员工。鼓励引导民营经济人士做发展的实干家和新时代的奉献者，在更高层次上实现个人价值，向全社会展现遵纪守法、遵守社会公德的良好形象，做到富而有责、富而有义、富而有爱。探索建立民营企业社会责任评价体系和激励机制，引导民营企业踊跃投身光彩事业和公益慈善事业，参与应急救灾，支持国防建设。

（四）加大对民营经济政策支持力度

精准制定实施各类支持政策，完善政策执行方式，加强政策协调性，及时回应关切和利益诉求，切实解决实际困难。

（13）完善融资支持政策制度。健全银行、保险、担保、券商等多方共同参与的融资风险市场化分担机制。健全中小微企业和个体工商户信用评级和评价体系，加强涉企信用信息归集，推广"信易贷"等服务模式。支持符合条件的民营中小微企业在债券市场融资，鼓励符合条件的民营企业发行科技创新公司债券，推动民营企业债券融资专项支持计划扩大覆盖面、提升增信力度。支持符合条件的民营企业上市融资和再融资。

（14）完善拖欠账款常态化预防和清理机制。严格执行《保障中小企业款项支付条例》，健全防范化解拖欠中小企业账款长效机制，依法依规加大对责任人的问责处罚力度。机关、事业单位和大型企业不得以内部人员变更，履行内部付款流程，或在合同未作约定情况下以等待竣工验收批复、决算审计等为由，拒绝或延迟支付中小企业和个体工商户款项。建立拖欠账款定期披露、劝告指导、主动执法制度。强化商业汇票信息披露，完善票据市场信用约束机制。完善拖欠账款投诉处理和信用监督机制，加强对恶意拖欠账款案例的曝光。完善拖欠账款清理与审计、督查、巡视等制度的常态化对接机制。

（15）强化人才和用工需求保障。畅通人才向民营企业流动渠道，健全人事管理、档案管理、社会保障等接续的政策机制。完善民营企业职称评审办法，畅通民营企业职称评审渠道，完善以市场评价为导向的职称评审标准。搭建民营企业、个体工商户用工和劳动者求职信息对接平台。大力推进校企合作、产教融合。推进民营经济产业工人队伍建设，优化职业发展环境。加强灵活就业和新就业形态劳动者权益保障，发挥平台企业在扩大就业方面的作用。

（16）完善支持政策直达快享机制。充分发挥财政资金直达机制作用，推动涉企资金直达快享。加大涉企补贴资金公开力度，接受社会监督。针对民营中小微企业和个体工商户建立支持政策"免申即享"机制，推广告知承诺制，有关部门能够通过公共数据平台提取得材料，不再要求重复提供。

（17）强化政策沟通和预期引导。依法依规履行涉企政策调整程序，根据实际设置合理过渡期。加强直接面向民营企业和个体工商户的政策发布和解读引导。支持各级政府部门邀请优秀企业家开展咨询，在涉企政策、规划、标准的制定和评估等方面充分发挥企业家作用。

（五）着力推动民营经济实现高质量发展

引导民营企业践行新发展理念，深刻把握存在的不足和面临的挑战，转变发展方式、调整产业结构、转换增长动力，坚守主业、做强实业，自觉走高质量发展之路。

（18）引导完善治理结构和管理制度。支持引导民营企业完善法人治理结构、规范股东行为、强化内部监督，实现治理规范、有效制衡、合规经营，鼓励有条件的民营企业建立完善中国特色现代企业制度。依法推动实现企业法人财产与出资人个人或家族财产分离，明晰企业产权结构。研究构建风险评估体系和提示机制，对严重影响企业运营并可能引发社会稳定风险的情形提前预警。支持民营企业加强风险防范管理，引导建立覆盖企业战略、规划、投融资、市场运营等各领域的全面风险管理体系，提升质量管理意识和能力。

（19）支持提升科技创新能力。鼓励民营企业根据国家战略需要和行业发展趋势，持续加大研发投入，开展关键核心技术攻关，按规定积极承担国家重大科技项目。培育一批关键行业民营科技领军企业、专精特新中小企业和创新能力强的中小企业特色产业集群。加大政府采购创新产品力度，发挥首台（套）保险补偿机制作用，支持民营企业创新产品迭代应用。推动不同所有制企业、大中小企业融通创新，开展共性技术联合攻关。完善高等学校、科研院所管理制度和成果转化机制，调动其支持民营中小微企业创新发展积极性，支持民营企业与科研机构合作建立技术研发中心、产业研究院、中试熟化基地、工程研究中心、制造业创新中心等创新平台。支持民营企业加强基础性前沿性研究和成果转化。

（20）加快推动数字化转型和技术改造。鼓励民营企业开展数字化共性技术研发，参与数据中心、工业互联网等新型基础设施投资建设和应用创新。支持中小企业数字化转型，推动低成本、模块化智能制造设备和系统的推广应用。引导民营企业积极推进标准化建设，提升产品质量水平。支持民营企业加大生产工艺、设备、技术的绿色低碳改造力度，加快发展柔性制造，提升应急扩产转产能力，提升产业链韧性。

（21）鼓励提高国际竞争力。支持民营企业立足自身实际，积极向核心零部件和高端制成品设计研发等方向延伸；加强品牌建设，提升"中国制造"美誉度。鼓励民营企业拓展海外业务，积极参与共建"一带一路"，有序参与境外项目，在走出去中遵守当地法律法规、履行社会责任。更好指导支持民营企业防范应对贸易保护主义、单边主义、"长臂管辖"等外部挑战。

强化部门协同配合，针对民营经济人士海外人身和财产安全，建立防范化解风险协作机制。

（22）支持参与国家重大战略。鼓励民营企业自主自愿通过扩大吸纳就业、完善工资分配制度等，提升员工享受企业发展成果的水平。支持民营企业到中西部和东北地区投资发展劳动密集型制造业、装备制造业和生态产业，促进革命老区、民族地区加快发展，投入边疆地区建设推进兴边富民。支持民营企业参与推进碳达峰碳中和，提供减碳技术和服务，加大可再生能源发电和储能等领域投资力度，参与碳排放权、用能权交易。支持民营企业参与乡村振兴，推动新型农业经营主体和社会化服务组织发展现代种养业，高质量发展现代农产品加工业，因地制宜发展现代农业服务业，壮大休闲农业、乡村旅游业等特色产业，积极投身"万企兴万村"行动。支持民营企业参与全面加强基础设施建设，引导民营资本参与新型城镇化、交通水利等重大工程和补短板领域建设。

（23）依法规范和引导民营资本健康发展。健全规范和引导民营资本健康发展的法律制度，为资本设立"红绿灯"，完善资本行为制度规则，集中推出一批"绿灯"投资案例。全面提升资本治理效能，提高资本监管能力和监管体系现代化水平。引导平台经济向开放、创新、赋能方向发展，补齐发展短板弱项，支持平台企业在创造就业、拓展消费、国际竞争中大显身手，推动平台经济规范健康持续发展。鼓励民营企业集中精力做强做优主业，提升核心竞争力。

（六）促进民营经济人士健康成长

全面贯彻信任、团结、服务、引导、教育的方针，用务实举措稳定人心、鼓舞人心、凝聚人心，引导民营经济人士弘扬优秀企业家精神。

（24）健全民营经济人士思想政治建设机制。积极稳妥做好在民营经济代表人士先进分子中发展党员工作。深入开展理想信念教育和社会主义核心价值观教育。教育引导民营经济人士中的党员坚定理想信念，发挥先锋模范作用，坚决执行党的理论和路线方针政策。积极探索创新民营经济领域党建工作方式。

（25）培育和弘扬优秀企业家精神。引导民营企业家增强爱国情怀、勇于创新、诚信守法、承担社会责任、拓展国际视野，敢闯敢干，不断激发创新活力和创造潜能。发挥优秀企业家示范带动作用，按规定加大评选表彰力度，在民营经济中大力培育优秀企业家精神，及时总结推广富有中国特色、顺应时代潮流的优秀企业家成长经验。

（26）加强民营经济代表人士队伍建设。优化民营经济代表人士队伍结构，健全选人机制，兼顾不同地区、行业和规模企业，适当向战略性新兴产业、高技术产业、先进制造业、现代服务业、现代农业等领域倾斜。规范政治安排，完善相关综合评价体系，稳妥做好推荐优秀民营经济人士作为各级人大代表候选人、政协委员人选工作，发挥工商联在民营经济人士有序政治参与中的主渠道作用。支持民营经济代表人士在国际经济活动和经济组织中发挥更大作用。

（27）完善民营经济人士教育培训体系。完善民营经济人士专题培训和学习研讨机制，进一步加大教育培训力度。完善民营中小微企业培训制度，构建多领域多层次、线上线下相结合的培训体系。加强对民营经济人士的梯次培养，建立健全年轻一代民营经济人士传帮带辅导制度，推动事业新老交接和有序传承。

（28）全面构建亲清政商关系。把构建亲清政商关系落到实处，党政干部和民营企业家要双向建立亲清统一的新型政商关系。各级领导干部要坦荡真诚同民营企业家接触交往，主动作为、靠前服务，依法依规为民营企业和民营企业家解难题、办实事，守住交往底线，防范廉政风险，做到亲而有度、清而有为。民营企业家要积极主动与各级党委和政府及部门沟通交流，讲真话、说实情、建诤言，洁身自好走正道，遵纪守法办企业，光明正大搞经营。

（七）加强组织实施

（29）坚持和加强党的领导。坚持党中央对民营经济工作的集中统一领导，把党的领导落实到工作全过程各方面。坚持正确政治方向，建立完善民营经济和民营企业发展工作机制，明确和压实部门责任，加强协同配合，强化央地联动。支持工商联围绕促进民营经济健康发展和民营经济人士健康成长更好发挥作用。

（30）完善落实激励约束机制。强化已出台政策的督促落实，重点推动促进民营经济发展壮大、产权保护、弘扬优秀企业家精神等政策落实落细，完善评估督导体系。建立健全民营经济投诉维权平台，完善投诉举报保密制度、处理程序和督办考核机制。

（31）及时做好总结评估。在与宏观政策取向一致性评估中对涉民营经济政策开展专项评估审查。完善中国营商环境评价体系，健全政策实施效果第三方评价机制。加强民营经济统计监测评估，必要时可研究编制统一规范的民营经济发展指数。不断创新和发展"晋江经验"，及时总结推广各地好经验好做法，对行之有效的经验做法以适当形式予以固化。

为了全面落实《中共中央 国务院关于促进民营经济发展壮大的意见》，推动破解民营经济发展中面临的突出问题，激发民营经济发展活力，提振民营经济发展信心，国家发展改革委、工业和信息化部、财政部、科技部、中国人民银行、税务总局、市场监管总局、金融监管总局 2023 年 8 月 1 日联合印发《关于实施促进民营经济发展近期若干举措的通知》，围绕促进公平准入、强化要素支持、加强法治保障、优化涉企服务、营造良好氛围等五个方面提出 28 条具体措施，并具体落实到相关职能机构，旨在进一步推动破解民营经济发展中面临的系列突出问题。

2023 年注定是一个不平凡的一年。正如塞缪尔·亨廷顿所言："革命是罕见的，改革则可能更加罕见。"伴随着中国这场罕见的改革开放，民营企业爆发出了巨大的力量。民企是中国经济充满活力和生机的一个群体，是在这片古老的土地上勃发生长的一股本土力量。企业家不是简单的改革措施的被指引者、被动的跟随者，而是积极的参与者、推动者，随着所有制混改的持续深化，我们也许都会对什么是国企、民企的概念变得模糊，但这个在中国高速成长的四十多年里走过坎坷路程，未来还将在重要时刻发挥历史作用的优秀企业家精神，值得被人记住。

第三节　民营经济"两个健康"的温州样本

2023 年 7 月，《中共中央 国务院关于促进民营经济发展壮大的意见》（下称《意见》）正式发布，共提出了八个方面 31 条举措。《意见》开门见山提出"**民营经济是推进中国式现代化的生力军，是高质量发展的重要基础，是推动我国全面建成社会主义现代化强国、实现第二个百年奋斗目标的重要力量**"。《意见》关于促进民营经济发展壮大的部署，涉及优化民营经济发展环境、加大民营经济政策支持力度、强化民营经济法治保障、推动民营经济高质量发展、促进民营经济人士健康成长和营造关心促进民营经济发展壮大的社会氛围六个方面。其中民营经济高质量发展和民营经济人士健康成长两项内容，即民营经济"两个健康"工作，是民营经济统战工作的主题。

一、民营经济健康发展标准

2018 年 8 月，温州获批创建全国首个新时代"两个健康"先行区。此后陆续地有针对性地制定和发布了地方标准《民营经济健康发展评价指标体系》（DB3303/T 031-2021）和《民营企业家健康成长评价指标体系》（DB3303/T 032—2021）。这是用标准化评价的方式来探索民营经济高质量发展的可复制经验的有益实践。

（一）标准概述

根据 DB3303/T 031-2021 标准界定，民营经济，是指由"民"作为经营主体的经济体总称。包括私营经济、个体经济、集体经济等。民营经济健康发展是指民营经济在自身主体素质、内部资源配置、生产经营活动、外部环境影响及对环境的作用等方面都处于良好状态。

其中，《民营经济健康发展评价指标体系》（见附件 1）分别设定为经济活力、质效提升、创新驱动、结构优化、底线能力五个一级指标和 35 项二级指标。而且均可从现行国家统计制度中采集梳理，便于进行实时监测分析和横向比较，可以全景式展现民营经济发展特点，全力打造可复制推广的"温州蓝本"。如表 3-2 所示。

表 3-2 民营经济健康发展评价指标体系

一级指标	二级指标	单位	权重分值	指标类型
一、经济活力（8项，25分）	（1）民营经济增加值增长率	%	4	正向指标
	（2）新登记注册民营经济市场主体增长率	%	3.5	正向指标
	（3）民营上市公司数量增长率	%	3	正向指标
	（4）期末民营企业贷款余额占银行贷款余额比重	%	3.5	正向指标
	（5）新增民营制造业用地占总供地比重	%	3.5	正向指标
	（6）小微园区企业销售收入增长率	%	2.5	正向指标
	（7）民间投资增长率	%	2	正向指标
	（8）地方财政对民营经济发展支出的占比	%	3	正向指标
二、质效提升（8项，23分）	（9）民营经济税收占全部税收比重	%	3.5	正向指标
	（10）民营"四上"企业营业收入利润率	%	3.5	正向指标
	（11）民营规上工业企业亩均增加值	万元/亩	2.5	正向指标
	（12）民营规上工业企业劳动生产率	万元/人	3.5	正向指标
	（13）新增民营龙头骨干企业个数	个	2	正向指标
	（14）现有公司制民营企业数量的占比	%	2	正向指标
	（15）民营工业技改投资增长率	%	3.5	正向指标
	（16）民营数字经济发展指数	%	2.5	正向指标

一级指标	二级指标	单位	权重分值	指标类型
三、创新驱动（8项，23分）	（17）民营规上工业企业研发费用占营业收入的比重	%	3.5	正向指标
	（18）民营高新技术企业和科技型中小企业新增数	个	3	正向指标
	（19）民营企业自主品牌拥有量	个	2	正向指标
	（20）民营规上工业企业研发机构设置率	%	3	正向指标
	（21）从业人员中的大学专科及以上学历人员占比	%	2.5	正向指标
	（22）当年完成职业教育培训人数（民营经济）	人	3	正向指标
	（23）高技能人才新增人数	人	2.5	正向指标
	（24）民营企业营商环境满意度	%	3.5	正向指标
四、结构优化（6项，16分）	（25）民营高新技术产业增加值占民营规上工业增加值比重	%	3	正向指标
	（26）民营现代（知识密集型）服务业增加值占地区生产总值（GDP）比重	%	3	正向指标
	（27）民营数字经济核心产业增加值增长率	%	3	正向指标
	（28）民营规上智能制造业增加值增长率	%	2.5	正向指标
	（29）民营企业自主品牌产品出口占比	%	2.5	正向指标
	（30）省级特色小镇民间投资占比	%	2	正向指标

一级指标	二级指标	单位	权重分值	指标类型
五、底线能力（5项，13分）	（31）单位GDP能耗降低率	%	3.5	正向指标
	（32）民营企业资产负债率（逆向指标）	%	3	逆向指标
	（33）银行业金融机构不良贷款率（逆向指标）	%	2.5	逆向指标
	（34）民营企业公共信用评价良好以上企业占比	%	2	正向指标
	（35）民营经济亿元增加值生产安全事故死亡人数（逆向指标）	人/亿元	2	逆向指标

（二）指标计算方法

1. 经济活力

1.1 民营经济增加值增长率

$$民营经济增加值增长率 = \frac{当年民营经济增加值 - 上年民营经济增加值}{上年民营经济增加值} \times 100\%$$

1.2 新登记注册民营经济市场主体增长率

$$新登记注册民营经济市场主体增长率 = \frac{年内新登记注册民营经济市场主体数量 - 上年新登记注册民营经济市场主体数量}{上年新登记注册民营经济市场主体数量} \times 100\%$$

注：民营经济市场主体指私营企业和个体户。

1.3 民营上市公司数量增长率

$$民营上市公司数量增长率 = \frac{年末民营上市公司累计数 - 上年末民营上市公司累计数}{上年末民营上市公司累计数} \times 100\%$$

注：民营上市公司指在主板（境内外）、创业板、新三板、科创板等上市的民营公司。

1.4 期末民营企业贷款余额占银行贷款余额比重

$$期末民营经济贷款余额占银行贷款余额比重 = \frac{期末民营经济贷款余额}{期末银行贷款余额} \times 100\%$$

注：文成县、泰顺县和洞头区为当年总供地中民营制造业和服务业用地的占比。

1.5 新增民营制造业用地占总供地比重

$$新增民营制造业用地占总供地比重 = \frac{当年民营制造业用地}{当年总供地} \times 100\%$$

1.6 小微园区企业销售收入增长率

$$小微园区企业销售收入增长率 = \frac{当年小微企业园区内所有企业销售收入 - 上年小微企业园区内所有企业销售收入}{上年小微企业园区内所有企业销售收入} \times 100\%$$

1.7 民间投资增长率

$$民间投资增长率 = \frac{当年民间投资额 - 上年民间投资额}{上年民间投资额} \times 100\%$$

1.8 地方财政对民营经济发展支出的占比

$$地方财政对民营经济发展支出的占比 = \frac{地方财政对民营经济发展支出}{一般预算公共支出} \times 100\%$$

2. 质效提升

2.1 民营经济税收占全部税收比重

$$民营经济税收占全部税收比重 = \frac{民营经济税收}{全部税收} \times 100\%$$

2.2 民营"四上"企业营业收入利润率

$$民营"四上"企业营业收入利润率 = \frac{利润总额}{营业收入} \times 100\%$$

注："四上"企业指:1.规模以上工业企业;2.限额以上批发和零售业、限额以上住宿和餐饮业企业（限额以上贸易业）;3.规模以上服务业企业;4.资质以上建筑业企业。

2.3 民营规上工业企业亩均增加值

$$民营规上工业企业亩均增加值 = \frac{民营规上工业企业增加值}{民营规上工业企业用地面积}$$

2.4 民营规上工业企业劳动生产率

$$民营企业规上工业企业劳动生产率 = \frac{民营规上工业企业增加值}{民营规上工业企业年平均从业人员数}$$

2.5 新增民营龙头骨干企业个数

当年新增龙头骨干企业个数，反映当地"四上"民营企业做大做强情况，市直相关部门应建立相应统计制度，以企业总量和增速设置相应标准进行认定。

2.6 现有公司制民营企业数量的占比

$$现有公司制民营企业数量的占比 = \frac{现有公司制民营企业数量}{全部民营企业数量} \times 100\%$$

2.7 民营工业技改投资增长率

$$民营工业技改投资增长率 = \frac{当年民营工业技改投资额 - 上年民营工业技改投资额}{上年民营工业技改投资额} \times 100\%$$

2.8 民营数字经济发展指数

反映地区民营企业信息经济技术驱动的数字经济发展水平。因当年该指数公布较迟，可用上年发展指数替代。

注：本指标剔除了与民营经济相关度较低的基础设施和政府与社会数字化两大类后，使用具有高度相关性的数字产业化、产业数字化、新业态新模式等三个大类指标进行加权测算。

3. 创新驱动

3.1 民营规上工业企业研发费用占营业收入的比重

$$民营规上工业企业研发费用占营业收入的比重 = \frac{当年民营规上工业企业研发费用}{当年民营规上工业企业营业收入} \times 100\%$$

3.2 民营高新技术企业和科技型中小企业新增数

年内新增认定的民营高新技术企业和科技型中小企业总数。

3.3 民营企业自主品牌拥有量

民营企业拥有自主品牌数量及年内新增自主品牌数量。

3.4 民营规上工业企业研发机构设置率

$$民营规上工业企业研发机构设置率 = \frac{设立研发机构的民营规上工业企业数}{民营规上工业企业数} \times 100\%$$

3.5 从业人员中的大学专科及以上学历人员占比

$$从业人员中的大学专科及以上学历人员占比 = \frac{大学专科及以上学历从业人员数}{总从业人员数} \times 100\%$$

3.6 当年完成职业教育培训人数（民营经济）

当年各类职业院校、校企一体化培育机构和社会职业培训机构等完成职业教育培训人员数。

3.7 高技能人才新增人数

高级工以上国家职业资格的技能人才，在校从事技能学习毕业或实际工作中从事技能岗位工作，具有相应技能水平的人员可纳入统计范围。反映全市技能型人才培养与引进成效。

注：该指标为全社会口径，与民营经济存在高度相关性。

3.8 民营企业营商环境满意度

由第三方评估机构根据要求，分别对温州市市域内的民营企业营商环境满意度开展专项评估调查，收集温州市市域内的民营企业对营商环境满意度的评价数据。

4. 结构优化

4.1 民营高新技术产业增加值占民营规上工业增加值比重

$$民营高新技术产业增加值占民营规上工业增加值比重 = \frac{民营高新技术产业增加值}{民营规上工业增加值} \times 100\%$$

4.2 民营现代（知识密集型）服务业增加值占地区生产总值（GDP）比重

$$民营现代（知识密集型）服务业增加值占地区生产总值（GDP）增加值比重 = \frac{民营现代（知识密集型）服务业增加值}{地区生产总值（GDP）} \times 100\%$$

4.3 民营数字经济核心产业增加值增长率

$$民营数字经济核心产业增加值增长率 = \frac{当年民营数字经济核心产业增加值 - 上年民营数字经济核心产业增加值}{上年民营数字经济核心产业增加值} \times 100\%$$

4.4 民营规上智能制造业增加值增长率

$$民营规上智能制造业增加值增长率 = \frac{当年民营规上智能制造业增加值 - 上年民营规上智能制造业增加值}{上年民营规上智能制造业增加值} \times 100\%$$

4.5 民营企业自主品牌产品出口占比

$$民营企业自主品牌产品出口占比 = \frac{民营企业自主品牌产品出口总额}{民营企业出口产品总额} \times 100\%$$

4.6 省级特色小镇民间投资占比

$$省级特色小镇民间投资占比 = \frac{本年省级特色小镇民间投资完成额}{本年固定资产投资完成额} \times 100\%$$

5. 底线能力

5.1 单位 GDP 能耗降低率

$$单位 GDP 能耗 = \frac{全社会能耗（吨标准煤）}{地区生产总值（GDP）}$$

$$单位GDP能耗降低率 = \frac{当年单位GDP能耗 - 上年单位GDP能耗}{上年单位GDP能耗} \times 100\%$$

5.2 民营企业资产负债率（逆向指标）

$$民营企业资产负债率 = \frac{民营"四上"企业负债合计}{民营"四上"企业资产总计} \times 100\%$$

5.3 银行业金融机构不良贷款率（逆向指标）

$$银行业金融机构不良贷款率 = \frac{不良贷款余额}{贷款余额} \times 100\%$$

注：该指标为全社会口径，与民营经济存在高度相关性。

5.4 民营企业公共信用评价良好以上企业占比

$$民营企业公共信用评价良好以上企业占比 = \frac{民营企业公共信用评价为优秀和良好的企业数}{公共信用评价民营企业总数}$$

5.5 民营经济亿元增加值生产安全事故死亡人数（逆向指标）

$$民营经济亿元增加值生产安全事故死亡人数 = \frac{民营企业生产安全事故死亡人数}{民营经济增加值}$$

（三）指标权重确定

采用专家调查法、相邻指标比较法等赋权法确定民营经济健康发展评价指标权重。民营经济健康发展评价指标体系的经济活力、质效提升、创新驱动、结构优化、底线能力五个一级指标的权重分值分别为25分、23分、23分、16分和13分，总分值为100分，二级指标权重分值见表3-2。评价实施过程中，如确需调整，可动态修订指标权重。

（四）数据采集

各数据来源单位宜每季度向市统计部门提供温州市市域内相关指标数据，并对指标数据质量负总责。无法提供季度数据的，应于半年内提供。针对个别创新性指标，各数据来源单位应制定相应统计方 法进行监测统计。

（五）评价方法

1. 指标无量纲处理

采用相对标准化法（即实际值／目标值）对所有指标进行同质化转换，即进行无量纲处理。

2. 目标值确定

采用资料参考法，按照温州市民营经济发展总体目标，参考浙江省及温州市历年相关指标发展目标等文献资料，对各评价指标设置目标值，目标值每五年调整一次。

3. 指数计算

3.1 采用综合指数法，通过建立数学计算模型来合成综合指数。具体方法是采用直接对标准化后的指标进行加权算术平均得出评价总指数及各一级指标的指数。

3.2 民营经济健康发展评价指标体系中的个体指数按式（1）计算。

$$Y_i = \frac{P_i}{T_i} \times W_i \quad\cdots\cdots\cdots\cdots\cdots\cdots\cdots\cdots\cdots\cdots\cdots\cdots\cdots\cdots\quad (1)$$

式中：

Y_i——第 i 个指标的得分；

P_i——第 i 个指标的实际值；

T_i——第 i 个指标的目标值；

W_i——第 i 个指标的权数。

3.3 个体指标完成或超过目标值，则个体指数取权重分值，即为满分，逆向指标反向处理。

3.4 民营经济健康发展评价指标体系中各一级指标的指数按式（2）计算。

$$F_j = \frac{\sum i=m_j Y_i}{\sum i=m_j W_i} \times 100 \ (j = 1, 2, \cdots\cdots, 5) \quad\cdots\cdots\cdots\cdots\cdots\cdots\quad (2)$$

式中：

F_j——第 j 个一级指标的指数；

m_j——第 j 个一级指标的指标数量；

Y_i——第 i 个指标的得分；

W_i——第 i 个指标的权数。

3.5 民营经济健康发展评价总指数按式（3）计算。

$$H = \sum_{i=1}^{35} Y_i \quad\cdots\cdots\cdots\cdots\cdots\cdots\cdots\cdots\cdots\cdots\cdots\cdots\cdots\cdots\quad (3)$$

式中：

H——指民营经济健康发展评价总指数；

Y_i——第 i 个指标的得分。

4. 评价结果

民营经济健康发展情况按评价总指数划分等级，不同评价总指数对应的评价结果见表 3-3。

表 3-3　民营经济健康发展评价结果

民营经济健康发展评价总指数（H）	评价结果
90 ≤ H ≤ 100	健康
80 ≤ H < 90	比较健康
70 ≤ H < 80	基本健康
60 ≤ H < 70	亚健康
H < 60	不健康

这一标准是温州在创建新时代"两个健康"先行区过程中创出的一把"尺子"，不仅可以精准"测量"民营经济健康发展中存在的长短板，为企业家决策提供借鉴，还能便利政府主管部门及时掌握民营经济发展动态，精准施策，并为政府评估相关民营经济政策提供分析依据，成为帮扶民营企业渡难关、开新局的重要手段。

二、民营企业家健康成长的标准

根据 DB3303/T 032—2021 标准说明，"民营企业家，指民营企业的法人代表或实际控制人。民营企业包括除国有和国有控股企业、外商和港澳台商独资及其控股企业以外的企业。根据浙江省统计局《调查单位基本情况统计报表制度》中关于企业控股情况指标确定"。

"民营企业家健康成长，指推动民营企业创新发展的核心人物，在民营企业经营发展过程中形成了正确的政治观，认同党和国家的思想政治理念，守法诚信，积极履行社会责任，在实现个人价值的同时为社会做出更多的贡献。本定义是根据世界卫生组织对"健康"的定义是"一个人在身体、精神和社会等方面都处于良好的状态"，然后作为引申对"民营企业家健康成长"进行界定。

《民营企业家健康成长评价指标体系》通过民营企业家自身素质和民营企业家成长环境两个维度，下设爱国敬业、守法经营、创业创新、回报社会、法治环境、市场环境、社会环境和政务环境共 8 个一级指标及 13 个二级指标，将原本定性概念转化为可统计可分析的定量指标，实现对民营企业家评价的可量化、可筛选、可对标，逐个对企业家及其主营企业情况进行"画像"，精准反映民营企业家健康成长情况。评价指标体系框架如图 3-2 所示。

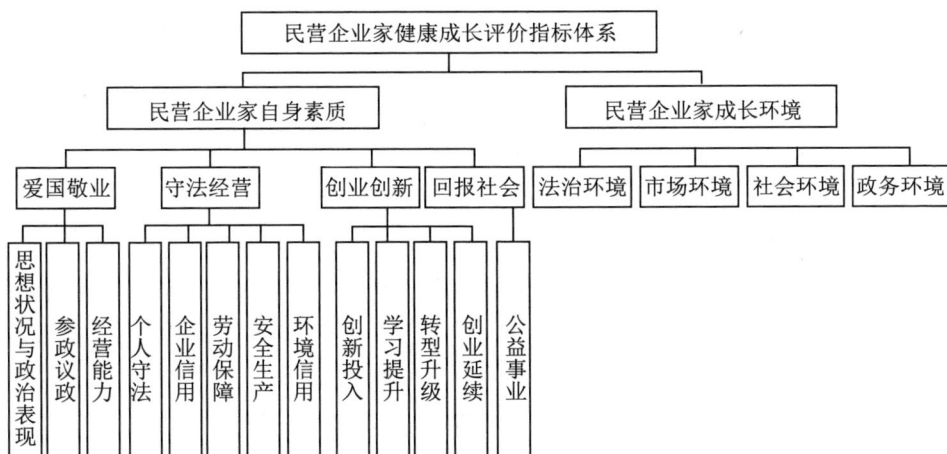

图 3-2　民营企业家健康成长评价指标体系框架

（一）指标说明

（1）爱国敬业

爱国敬业指民营企业家不仅能够敬重、认同、珍惜、热爱自己所从事的企业经营管理职业，而且能够把企业利益、个人利益与国家利益、民族利益统一起来，把个人理想融入民族复兴的伟大实践和国家重大发展战略，努力实现国家富强、民族振兴、人民幸福与企业发展的有机统一。设下列 3 个二级指标：

a）思想状况和政治表现，考察民营企业家是否重视支持企业党组织建设、与党同心同德和是否组织或参与过反对党和中国特色社会主义的政治活动情况；

b）参政议政，考察民营企业家当选党代表、人大代表、政协委员情况，以及担任工商联、行业协会、商会、民主党派职务情况；

c）经营能力，考察民营企业家所在企业盈利能力、纳税能力和抗风险能力情况。

（2）守法经营

守法经营指民营企业家注重个人与企业承诺、诚信守法、以信立业、依法依规生产经营（包括民营企业家的个人行为和所在的企业行为）。设下列 5 个二级指标：

a）个人守法，考察民营企业家犯罪记录或涉嫌犯罪被司法机关立案侦查或审查、对单位行贿负主要责任、违反治安管理处罚法且造成恶劣社会影响、被纳入失信被执行人名单等情况；

b）企业信用，考察民营企业家所在企业诚信经营情况，包括在行政处罚、严重违法失信、经营异常和诚信纳税等方面体现的企业信用；

c）劳动保障，考察民营企业家所在企业规范劳动用工情况，包括落实劳动保障法律、法规和规章情况；

d）安全生产，考察民营企业家所在企业遵守安全生产相关法律法规情况，包括落实安全生产主体责任、开展安全生产标准化建设情况；

e）环境信用，考察民营企业家所在企业遵守生态环境保护相关法律法规情况，包括落实生态环境保护主体责任、履行生态环境保护社会责任情况。

（3）创业创新

创业创新指民营企业家应增强创新自信，将创业创新作为追求。设下列4个二级指标：

a）创新投入，考察民营企业家所在企业研发投入情况，通过企业研发经费投入、研发中心级别等指标来衡量；

b）学习提升，考察民营企业家所在企业对员工的教育、培训情况，通过企业职工教育经费使用情况等指标来衡量；

c）转型升级，考察民营企业本身的产业结构优化、升级情况，通过企业劳动生产率情况来衡量；

d）创业延续，考察民营企业家采用现代企业管理制度、建设经营管理团队情况，通过企业股权激励制度、管理层学历情况、企业家接班情况来衡量。

（4）回报社会

回报社会指民营企业家积极投身各类公益事业，下设公益事业1个二级指标。

a）公益事业，主要考察评价对象及所在企业参与扶贫开发、光彩事业、公益慈善事业等社会公益事业情况。

（5）法治环境

法治环境指依法保护企业家财产权，依法保护企业家创新权益，依法保护企业家自主经营权的实际状况，其观察点如下：

——政府廉洁守法；

——行政机关公正执法；

——司法机关公正司法；

——企业家和家人的人身安全保障；

——企业家财产的安全保障；

——市场信用体系建设；

——知识产权（商标、商号、专利等）保护。

（6）市场环境

市场环境指政府为民营企业家提供公平竞争权益保障，激励约束企业家诚信经营，实现监管公平性、规范性、简约性的实际状况，其观察点如下：

——律师、会计师等市场服务条件；

——从银行获得短期贷款的难易程度；

——从银行获得中长期贷款的难易程度；

——员工招聘的难易程度；

——基础设施条件（水电、交通、通讯等）；

——企业生产经营负担；

——公平、公正和公开的市场竞争环境。

（7）社会环境

社会环境指构建"亲""清"新型政商关系，树立对企业家的正向激励导向，营造健康的舆论氛围的实际状况，其观察点如下：

——企业家社会地位；

——政府官员勤政、积极服务企业家。

（8）政务环境

政务环境指深化"放管服"改革，企业家参与涉企政策制定，涉企政策和信息公开，对企业家的帮扶的实际状况，其观察点如下：

——行政审批手续方便、简捷；

——税收负担情况；

——其他政府性收费负担；

——政府诚信建设情况；

——政府与企业家之间的沟通渠道。

（二）指标权重

采用专家调查法和层次分析法（Analytic Hierarchy Process，AHP）确定民营企业家健康成长指标体系的指标权重，各项指标权重分值见表3-4所示。

表3-4　民营企业家健康水平评价体系

维度	一级指标		二级指标	
	指标名称	权重分值（分）	指标名称	权重分值（分）
企业家自身素质	爱国敬业	21	思想状况和政治表现	7
			参政议政	4
			经营能力	10
	守法经营	17	个人守法	5
			企业信用	5
			劳动保障	2
			安全生产	3
			环境信用	2
	创业创新	17	创新投入	7
			学习提升	3
			转型升级	4
			创业延续	3
	回报社会	7	公益事业	7
企业家成长环境	法治环境	17	—	—
	市场环境	9	—	—
	社会环境	4	—	—
	政务环境	8	—	—

（三）评价方法

（1）企业家自身素质指标评价

按照上表给出的评价条件，确定企业家自身素质维度下每个二级指标的评价等级及对应的评价系数。

当调查对象二级指标"思想状况和政治表现"或"个人守法"评价等级为 C 时，该调查对象每个二级指标的评价系数均为零。

（2）企业家成长环境指标评价

按照满意程度对企业家成长环境维度下的观察点进行评价，按表 3-4 确定对应的评价系数。

表 3-4　成长环境评价指标的评价系数

满意程度	评价系数
非常满意	1.0
满意	0.8
一般	0.6
不满意	0.4
非常不满意	0.2

（3）评分计算

A）企业家自身素质评分值按式（1）计算。

$$E_1 = \sum E_{1i} = \sum (k_i \times w_i) \quad\cdots\cdots\cdots\cdots\cdots\cdots\cdots\cdots\cdots\cdots\cdots\cdots\cdots\cdots \quad （1）$$

式中：

E_1——企业家自身素质评分值；

E_{1i}——企业家自身素质第 i 项二级指标评分值；

k_i——企业家自身素质第 i 项二级指标所有样本评价系数的算术平均值；

ω_i——企业家自身素质第 i 项二级指标权重分值。

B）企业家成长环境评分值按式（2）计算。

$$E_2=\sum E_{2i}=\sum(k_j\times w_j) \cdots\cdots\cdots\cdots\cdots\cdots\cdots\cdots\cdots（2）$$

式中：

E_2——企业家成长环境评分值；

E_{2j}——企业家成长环境第 j 项一级指标评分值；

k_j——企业家成长环境第 j 项一级指标所有观察点样本数据的算术平均值；

ω_j——企业家成长环境第 j 个一级指标权重分值。

C）民营企业家健康成长综合评分值按式（3）计算。

$$E=E_1+E_2 \cdots\cdots\cdots\cdots\cdots\cdots\cdots\cdots\cdots\cdots\cdots\cdots（3）$$

式中：

E——民营企业家健康成长综合评分值。

（四）评价程序

（1）确定调查对象

在所在区域规模以上工业企业、资质等级建筑业企业、限额以上批零住餐企业、国家重点服务业企业等四类企业的民营企业家中选取调查对象。

（2）数据收集

获取评价所需的信息，包括相关政府部门及金融机构可直接抓取数据和调查对象自报信息。其中，调查对象自报信息可通过填报"信息登记表"获取。

分行业选取上市公司作为对标企业。获取对标企业的相关经营数据（指"经营能力"、"创新投入"、"学习提升"、"转型升级"4个二级指标评价条件中涉及的经营数据），并统计各项经营数据的平均值和前五名的平均值，作为指标评价的基准值。

（3）指标评价

评价机构按照企业家自身素质规定的方法，对每一个调查对象进行企业家自身素质二级指标的评价，确定每个指标的评价系数。

调查对象按照企业家成长环境规定的方法，进行企业家成长环境观察点的评价，确定每个指标的评价系数。

（4）结果计算

根据前述确定的评价系数，按照式（1）和式（2）计算企业家自身素质和企业家成长环境的评分值。

根据企业家自身素质和企业家成长环境的评分值，按照式（3）计算出民营企业家健康成长评价综合评分值。

这一评价体系，主要是民营企业家政治画像，是针对民营企业家政治评价难以量化的难题，让传统"先选人后评价"做法转变为"全部综评后再按条件筛选人"，为工商联选人用人工作提供一种参考。

此后，浙江其他地区和全国其他省级行政单位也开发了一些地方标准，比较典型的，如浙江安吉制定发布《民营企业发展健康指数评价标准》《民营企业发展健康评价办法》两个规范性文件，其信息化应用"浙商企业健康体检系统"还列入全省重大改革"一本账 S2"重大应用，获评 2022 年度浙江省"万家民营企业评营商环境报告"县级优秀案例。

2018 年浙江省委统战部、省工商联指导宁波开展构建亲清政商关系创新试点，探索形成"1+3+1"宁波模式，全面构建亲而有度、清而有为、亲清统一的政商关系。有关做法获得全国统一战线实践创新成果奖、入选中组部改革创新优秀案例。该评价指标体系由 3 项一级指标（"亲清健康"、"亲近关系"、"清廉关系"）、6 项二级指标、14 项三级指标、37 项四级指标组成，包含量化指标 38 项、满意度问卷指标 7 项，涉及职能部门 26 家。

浙江对于民营经济"两个健康"建设的贡献，对全国具有显著的示范效应，并取得广泛的影响成效，全国许多地方都积极考察和借鉴浙江"两个健康"建设经验，推进当地统战部门和工商联在民营经济领域"两个健康"建设活动。

三、"两个健康"的实现路径与政策建议

推进民营经济的"两个健康"发展，是一个系统工程，需要企业、商会和政府、社会多方多路径的协同建设，做到"政府引导支持，商会创新服务，企业着力落实，社会协同共建"。具体来说，民营经济"两个健康"发展需要清晰的发展路径和系列政策支持。

（一）民营企业家健康成长的路径

落实民营企业家的健康成长，在新时代发展经济、实现共同富裕的发展道路上，除了"一颗红心"，"听党的话，跟党走"，"走中国特色社会主义道路，践行社会主义核心价值观"，弘扬优秀企业家精神，做爱国敬业、守法经营、创业创新、回报社会的典范，成为"合格的中国特色社会主义事业建设者"和"推动实现共同富裕的重要力量"等健康成长（可认定为政治健康）路径外，民营企业家的身体健康和心理健康则是他们政治健康的基础，不可轻忽。

在中国特色社会主义市场经济勃兴的时代，许多企业家起早贪黑创业发展，忽视身体健康，如北京同仁堂的张生瑜、均瑶集团的王均瑶、上海中发电气南民等英年早逝，给很多民营企业人士敲响警钟。企业家加强身体健康管理亟有必要，同时企业家是心理疾患的高发人群，也需要加强健康管理。但由于种种原因，长期以来企业家心理健康问题并未得到足够重视。一份2019年的《中国企业家成长与发展专题调查报告》显示，85.6%的企业家表示自己"压力很大"或是"压力较大"。感受明显压力的企业家往往容易出现心悸、失眠、易怒、孤独、焦虑、多疑、偏执、抑郁等症状。创业企业家可能存在的最大的问题是，"吃得太少或吃得太多，睡眠不足，缺乏锻炼的同时，还强迫自己、虐待自己身体，导致情绪更加脆弱"（Michael A. Freeman，2016）。

对身体健康和心理健康的引导和服务，体现的是党和政府对民营企业家的关怀和照顾，测评政治健康，则是体现民营企业与党和政府走得近不近的情况。民营企业家的政治健康最基本就是企业家要保有"一个良心"，做到合法诚信经营，照章纳税，履行社会责任，善待员工和客户，保护劳动者和消费者合法权益，办好自己的企业，为社会创造财富等基本"良心"标准，这既是一个企业家的"本分"，也是企业家的"人间正道"。

（二）民营企业的健康发展路径

民营企业必须准确把握新时代中国特色社会主义初级阶段的基本特征和发展趋势，"必须完整、准确全面贯彻新发展理念，始终以创新、协调、绿色、开放、共享的内在统一理念，来把握发展、衡量发展、推动发展"。这是谱写中国式社会主义现代化国家和企业新篇章的基本"奋斗路径"。

加强企业发展的常态化监测和诊断，深刻把握新时代国家、社会和企业发展中存在的不足和面临的挑战——从粗放到集约，从资源导向型向创新导向型转换，在过剩供应的大市场环境里，从供给侧出发，主动调整产业结构，主动转换增长动力，积极推进生产方式和消费方式的转型升级，特别是坚守主业、做强实业，走科技强企之路。

民营企业要推进自主创新和协同创新，加强产学研协同合作，提升民营企业科技创新能力，推动数字化转型和技术改造，自觉走科学发展和高质量发展之路。具体包括：第一，支持民营企业参与关键核心技术攻关，进一步提升民营企业的竞争力，培育具有国际竞争力的本土跨国公司；第二，加速民营经济数字化变革和智能化、绿色化改造，推动产业链现代化、高级化，拓展民营企业投资空间；第三，健全鼓励中小企业专精特新发展的扶持政策、个体工商户发展的帮扶政策，形成现代产业集群。

（三）推进民营经济"两个健康"的政策建议

推进民营经济发展的"新31条"像春风东来，增强民营企业的发展信心，是新的百年奋斗征途上对民营经济发展壮大、科学发展作出的理性研判，是依法治国、依法保企的庄严承诺，是推动民营经济高质量发展、促进民营经济人士健康成长"两个健康"发展的一颗定心丸。为此需要深入贯彻落实"新31条"文件精神，毫不动摇地营造关心和促进民营经济发展壮大的社会氛围。建议重点在以下几个方面推进和落实相关政策：

第一，推进民营经济的"两个健康"发展，首先是提高民营企业家健康成长水平。企业家是利用社会供给稀缺、供需不均衡创造商业机会的群体，是从事"信息不对称交易"、"机会开发"和"要素组合"运作的一群践行者和创新者。民营企业家的身体健康和心理健康可以通过定额的中医药保健性质的实际支出的个税减免形式实现有效引导和支持，并可以把企业家的身体健康和心理健康纳入工商业协会培训教育和保健服务等协会服务范畴。

第二，学习、创新并增强发展的本领，是企业家的第一要务。民营企业家需要学习企业经营之道，学习企业变革之道，学习企业市场营销之道，学习企业国际化发展之道。只有学习可以改变企业和自己的命运，只有学习可以增强企业发展的动态能力，优化企业的资源整合和配置，推动创新发展，学习是保障企业可持续健康成长的不二法则。

第三，推进民营经济的健康发展，要强化自身商业模式健康水平。民营企业经营要创新运用"量入为出"法则，量营收促发展，量资金来源促投资与经营，确保企业产销基本平衡，现金流量平稳运行。因此，应积极推进和夯实订单式生产服务运营的业务基础，做实企业战略资源和核心能力，完善品牌效应，提升企业产品流量和品牌价值。

第四，推进民营经济的健康发展，要强化社会信用体系的建立。特别是要从信用体系中居于优势地位的国有企业商业信用制度的建立和完善入手，包括机关事业单位的社会化和市场化服务的信用机制管控，缩短应付账期，减少三角债等，支持民营企业稳定资金流动，提升产业链上信用健康水平。同时加大治违约毁约、治"拖欠老赖"执法的实施和普及力度，让老赖出行和高消费普遍得到控制。

第五，推进民营经济的健康发展，也需要清理和规范国有投资机构的投资领域和投资行为。有所为有所不为，增进国有投资在事关国计民生领域的公益性和减少国有资本在竞争性领域投资的低效性。

第六，推进民营经济健康发展，实现民营企业家群体的健康成长。党和政府要关注对民营企业家的教育引导，培育企业家增强"立足既有资源环境，面向一流标杆创设企"、"立足中国发展根基，面向世界做市场开拓"、"立足社会主义初级阶段国情现实，面向未来做战略构建"这样"三立足、三面向"的顶层架构能力。要审时度势，积极营造有利于党对民营经济"信任、团结、服务、引导、教育"的良好社会氛围。

第七，推进民营经济健康发展，要继续发展中国光彩事业。中国光彩事业是服务民营经济"两个健康"的重要平台。中国光彩事业通过参与扶贫开发、脱贫攻坚、公益慈善等，带动民营企业家、非公有制经济代表人士进一步了解党情、国情、社情，加深对党的方针政策的理解和认同，提高思想觉悟；通过引导民营企业到西部投资兴业，实现产业转移，加快转型升级，一方面可以使民营企业得到发展，另一方面，民营企业家在此过程中也可以受到教育，心灵得到净化，增强了使命感、责任感和荣誉感。

第四节 "两个健康"标准的温州实践

非公有制经济健康发展、非公有制经济人士健康成长，是党中央对新时代民营经济发展提出的殷切期望。从 2018 年 8 月开始温州民营经济"两个健康"的"先行先试"到今天的"先行示范"，以"商"闻名的"千年商港"温州，承担为全国探索民营经济"两个健康"示范的重任，积累了诸多经验。

一、高位谋划与深耕全国首片改革"试验田"

将时钟拨回到 2018 年 8 月。中央统战部、全国工商联正式批准同意温州创建新时代"两个健康"先行区，温州成为全国新时代"两个健康"创建的首片改革"试验田"。面对这一时代命题，温州坚持顶层设计，高位推动、高标落实——建立市委书记挂帅的领导小组，设市政府专职副秘书长，12个县（市、区）均成立党委书记任组长的组织架构，通过"一把手工程"定位，统筹各方力量统一步调；建立"一办九组"组织架构，实现实体化办公，形成上下"一盘棋"全阵地推进格局。为进一步有效统筹全方位执行力量，温州还建立了上下联动协调推进机制，一方面专门开辟了全市域直接反映创建问题的渠道，便于及时全程指导工作，另一方面搭建了省市"两个健康"联动推进机制，使得温州层面一些难以突破的改革事项有了向上反映、争取解决的通道。"2019—2023年已制定实施224项责任清单，累计组织举办'两个健康'各类重大活动120余个。"在温州"两个健康"办，相关工作人员的工作报告单上，数据一直不断在更新。

五年来，温州聚焦诸多堵点痛点多角度发力，根据企业诉求先后出台"温28条"、"市场纾困15条"、"温22条"、"市场继续纾困22条"、"温30条"、"稳经济8方面40项措施"、"进一步减负纾困助力中小微企业发展24条"、"助力个体工商户纾困发展30条"等一揽子惠企纾困政策，并在全国率先推出惠企政策"直通车"、跨境为侨服务"全球通"、便民服务"瓯e办"，打响了温州"最多跑一次"改革海外版、企业版、民生版品牌，加速破解困扰民营经济发展的难点问题。

温州还将"两个健康"内容纳入了法律法规：出台全国首部关于"两个健康"的地方性法规——《温州市"两个健康"先行区建设促进条例》；首

发"民营经济健康发展评价指标体系"、"民营企业家健康成长评价指标体系";首创"温州民营经济金融服务指数"……一项项举措,让温州民营经济收获了稳稳的改革红利,民营经济人士的获得感普遍增强。

二、成果丰硕的"温州经验"全国多地区推广

"这两年经营环境改善,订单也明显增加。企业需要扩建厂房,只用20多天就完成了审批手续,厂房迅速建成并实现了投产。"浙江百信针织机械有限公司董事长朱进法说。五年来,温州市场经营主体总量增长至138万家;入选全国首批民营经济示范城市创建城市;GDP总量排名上升5位、稳居全国城市30强;2021年、2022年在万家民企评营商环境排名中连续两年位居全国第2名;获评2023年企业家幸福感最强市。民营企业家的切身感受和民营经济的发展是温州"两个健康"成绩最具说服力的证明。为增强企业家的获得感、幸福感、安全感,温州出台了尊商、爱商、亲商、安商的系列政策举措,并将每年11月1日设为"民营企业家节",此后全国二十个多地市争相效仿,设立"企业家节"或"企业家日"。

为了精准破解企业"成长的烦恼",温州市深入研究温州民营经济发展的历史和现状、基础和潜力、优势和短板,探索打出涵盖法治护航、政商政务、要素保障、商会改革、企业成长等内容在内的"利企安企暖企"组合拳——开展投资项目促产"一件事"改革,破解企业项目建设"周期长"问

题；推出"两个健康"直通车，面对面听取企业"急难愁盼"问题；创新"数据得地"快速供地机制、"科创指数贷"，让企业不再发愁要素保障难和"融资难"问题……五年来，温州针对性实施224项改革举措，其中75项形成了引领示范效应。随着温州经验在全国各地复制、推广，温州"两个健康"先行区创建工作持续深化，又有了新的方向和要求。

三、政策加码的"先行区"迎来转型升级

2023年7月，《中共中央 国务院关于促进民营经济发展壮大的意见》出台，再次为民营经济高质量发展注入强有力的信心。紧随其后，8月，《浙江省促进民营经济高质量发展若干措施》出台。自上而下，支持民营经济发展的导向十分鲜明。今年，温州全面承接落实国家和浙江省要求，进一步研究谋划195项任务清单，再次推出了一批先行先试的举措。2023民营企业家节活动，温州同步发布195项任务清单，为"两个健康"先行区创建工作加码。政策在升级、环境在优化、合力在凝聚，2023年的温州内外互动振兴势头强劲，朝着再展民营经济雄风、再创改革辉煌迈进。奔赴在新时代"两个健康"先行区的创建之路上，温州正不断凝聚共识，大力为民营企业纾困解难，坚定民企发展信心，让温州始终成为企业家的盛产地、成功地和向往地。五年来的实践证明，温州"两个健康"先行区创建取得了令人欣喜的成绩，为民营经济高质量发展作出了重要探索，有利于激发民营经济高质量发

展的澎湃动力。"'两个健康'工作一直在路上。"温州市"两个健康"办有关负责人表示,五年过去,站在新的历史起点上,温州"两个健康"创建工作站上了新高度,也迎来了转型升级。锚定先行示范,温州正系统谋划"两个健康"先行区建设新的"五年计划",继续激扬"四千"精神的同时,也为民营经济壮大发展注入源源不断的动力。

四、温州经验成"两个健康"标杆可推广

立足营造民营企业发展好生态,温州不断强化对民营经济高质量发展引领作用的同时,还围绕提升企业家获得感,健全民营企业家参与涉企政策制定机制,实现企业家意见闭环管理,让企业家"说了有用、说了算话",让广大企业在温州放心投资、专心创业、安心经营。如成立温州市民营企业维权服务平台、建立企业家紧急事态应对制度、实施民营企业精力减负举措、全面推行涉企柔性执法、推动全国首例"个人破产"试点破冰等,给市场主体提供了"容错"空间,执法有尺度、更有温度。

在构建亲清政商关系方面,温州也在积极探索。率先开展"清廉民企"建设,推行"三清单一承诺"制度,组建清廉民企建设联盟和清廉民企建设研究所,现已建立 22 个清廉民企示范点、12889 个企业效能监测点。同时率先实施 16 条行业协会\商会改革举措,建成 23 个"商会广场",以更好地服务企业发展。

在政府的大力支持下，企业也积极应对逆境。创办于 1988 年的青山控股，历经 30 多年的发展，已经成为世界最大的不锈钢生产企业，并跻身世界 500 强企业之列，年营收突破千亿元。

在共建"一带一路"的大背景下，青山控股寻找资源和市场，将投资重点放在了印尼、津巴布韦、印度等国家。该集团董事局主席项光达说："走了一大圈，我还是选择让总部回归温州。"项光达坦言，近年来温州营商环境的改善，让他对家乡有了更多的期待。

好风给力，千帆竞发。民营经济发祥地温州，越过山丘，给出了高质量发展思路。而今，温州"两个健康"已成为"国字号"的改革品牌，大胆先行先试，吹响了先行示范的奋进号，有力开启了民营经济高质量发展新征程。

"'温州经验'可学习、可推广、可复制，对各地'两个健康'先行区创建工作具有重要参考价值。"温州市工商联主要负责人说，成长不怕遇"烦恼"，温州的使命之一便是探索与破题。从四年前的"先行先试"到今天的"先行示范"，温州在创建新时代"两个健康"先行区的新征程上，把更多的"温州探索"上升为"温州样本"，实实在在为全国探路新做示范。

（此章节内容根据温州商学院谢健、杨平宇等课题成果，由余敏安、焦长勇、章晓洪、张少龙、汪占熬、王铁成、彭华、葛柏浩、董浩、周浩、王庆玲、李蔚、沈逸天等加工整理而成。）

精神传承

第四章
企业家精神与浙商版本

第一节　企业家精神的内涵与界定

在经济科学的起步阶段，企业家是作为对产品和资源市场的运作至关重要的经济主体而出现的。亚当·斯密研究了劳工分工的起源，但在亚当·斯密那里，企业家和资本家的角色还是混淆的。萨伊首次区分了企业家与资本家。到了管理科学发展起来以后，企业家与经理人的区别也被甄别出来。熊彼特论述的企业家，是刺激和发动企业一切事情的中枢。他们既不是通常意义上的工头、管理者、首席执行官，也不是那些成功企业的所有者，而是人群里的极少数特殊"人种"，他们四处寻找艰难和挑战，为了改变而"折腾"，他们敢于冒险，乐此不疲。熊彼特称他们是"现代意义上的产业领军者"。这些都是经济发展到一定阶段、社会分工到一定阶段的现象。

熊彼特首先提出"企业家精神"概念，认为企业家精神就是不断追求创新的精神，是社会发展的驱动力量。熊彼特认为，企业家或创新者的动机并不仅仅是满足追求财富或其他享乐主义的欲望。或许更是一种"创建一个私人帝国的梦想或意志"，"或许就是一种征服的欲望，一种战斗的冲动，一种证明自己比他人优秀或卓越的野心，一种追求成功本身的决心——不是追求成功所带来的各种好处，而是追求成功本身……最后，当然还有创造的乐趣，成功实现某个目标的乐趣，或者更简单地说，就是一种释放自身能量或天才禀赋的冲动和乐趣……"。熊彼特也称之为企业家精神的本质。

综述学者们对企业家精神的诠释，企业家精神的主要维度有：（1）以Schumpeter（1934）和Baumol（1968，1996）为代表的德国学派，强调企业家的创新精神。Schumpeter将企业家界定为从事"创造性破坏"的创新者，"企业家的天职就是创新，创新活动贯穿于企业家的日常经营活动之中，而企业家精神就是一种不断创新的精神，是经济社会发展的策动力量"。德鲁克将企业家精神明确界定为社会首创精神，是一种寻找、创造并开发出新产品或新服务的行为过程。这就直接将创新和企业家精神之间画了等号，他提出"企业家精神的实质是创新的实践"。

（2）以Knight（1921）和Schultz（1980）为代表的新古典学派，注重

于企业家的风险承担能力、冒险精神以及应对市场失衡的能力。例如富兰克·奈特（Frank Knight，1921）认为，不确定性才是证明企业家作用的依据，正是由于不确定性的存在，才需要有人承担不确定性所导致的后果，于是那些愿意承担这种后果的人就成了企业家，企业家报酬就是因为其承担不确定性后果而获得的剔除生产要素后的会计剩余。Marshall（1961）最早指出，作为生产要素卖方和产品买方之间的中间人，企业家"冒着"或"承担"营业的风险，把事业所需的资本和劳动力收集和结合起来，做出完整的一般计划，并对事业的细枝末节部分进行监督。Schultz（1975）从人力资本的视角指出，企业家具有规避经济风险和处理非均衡问题的能力，通过发现潜在机会，重新配置资源，使经济恢复正常发展。2011 年诺贝尔经济学奖得主，托马斯·萨金特（Thomas Sargent）说，企业家精神是"在未知的状态下创造，从零数据起步承担风险"。吉姆·柯林斯（2009）认为，冒险精神是企业家的天性，敢于尝试的探索精神是企业家的必备素质。"目光远大的企业家从不畏惧采取大胆的行动来实现其'宏伟的、大胆的、冒险的目标'"。

（3）以 Mises（1951）和 Kirzner（1973）为代表的奥地利学派，关注企业家对市场机会的识别能力。米塞斯（Mises，1990）认为企业家是不确定性的承担者（uncertainty-bearer），获利取决于对未来成功的预测，在预测失误的情况下则是遭受损失。但不是所有企业家意识形态都可以成为企业家精神，企业家精神最重要的是资本企业家（capitalist-entrepreneurs），那些决定着他们的资本何时、何地、生产多少的人，是市场经济中对实体结构与模式的驱动力量（driving force）。Kirzner（1973）基于信息不完全和分散知识的视角，认为企业家是凭借"企业家要素"迅速发现对买卖双方都有利的交易机会，并作为中间人参与并促成交易。这种"企业家要素"就是企业家的警觉，警觉的范围既包括发现现存条件下尚未被利用的机会，也包括发现未来条件所创造出的机会。Casson（1982）认为企业家是对稀缺资源配置作出判断的人，企业家的职能是利用自身获取信息和处理信息的能力，在不确定的经济环境中优化稀缺资源的配置，企业家是一个"市场创造者"，通过"创造性判断"实现创新、套利并制造市场。

（4）Miller（1983）、Lumpkin and Dess（1996）等学者提出企业家精神是主动地对未来问题、需求与变迁进行预期，并采取相应的行动。例如，经济学家米勒把企业家精神定义为冒险、预见和剧烈的产品创新活动。这些活动有助于推动组织成长和利润率的增长。面对残酷的商业竞争环境，沙伦·奥斯特（2004）认为，"企业家精神的首要之处在于公司接受新思想的能力，也就是要跳出'思维的框框'"。从企业家到每个员工必须全员学习、团队学习、持续学习、终生学习。

（5）Black and Strahan（2002）、Kerr and Nanda（2009）、Schmalz et al.（2017）将创业作为企业家精神的代理变量。李宏彬等（2009）、李政和刘丰硕（2019）将企业家精神分为企业家创业精神与企业家创新精神，并在国内被广泛采信。郑春颖（2008）认为企业家精神主要体现在敬业、创新、合作三个方面。蔡华（2009）认为企业家精神包含创新、合作、学习、敬业和责任五个方面。李志（2002）在统计分析大量论文后发现企业家精神的内涵主要体现在进取、敬业、奉献、创新、冒险、合作等方面。可见，国内研究学者对企业家精神概念内涵关键词的筛选忽视了"机会识别"这一企业家精神的重要特质。

（6）戴维森（P.Davidsson，2003）综合了企业家精神界定，认为企业家精神是企业家以创新为核心、冒险为支撑，在社会人文、经济制度和企业经营中形成的寻找机会、创办企业、实现个人目标、满足社会需求的精神。

综上所论，企业家精神包含如下关键要素：创新精神、冒险精神、机会识别、学习心智、创业活动。

国内学者探讨企业家精神的形成因素基本从文化环境，如民族传统文化、地域性风俗习惯和城市文化等要素分析挖掘（高波和张志鹏，2004；杨虹，2001；王凯和高斌，2011）；一些学者认为，企业家精神与企业家所处的时代、自然条件、地方传统、地域文化、先贤思想以及地区商帮精神传承等息息相关（范柏乃等，2017；胡电喜和安敏，2015）。王丽敏等（2014）认为企业家个体特质的内驱力和企业家资源禀赋及企业环境的外驱力共同作用促成了企业家精神的形成。其他一些国内外学者更多地探讨影响创业的环境影响因素，如：企业家自身特质（Karlan and Valdivia，2011；Schmalz et al.，2017；王戴黎，2014；尹志超等，2015）；生产要素的可得性和价格（Levinson，1996）；金融资本可得性（Black and Strahan，2002；Kerrand Nanda，2009；马光荣和杨恩艳，2011；张龙耀和张海宁，2013）、政府监管（Klapper et al.，2006；Branstetteret al.，2014；陈刚，2015；倪鹏途和陆铭，2016）、税收激励（Chen et al.，2019；Chenetal.，2018；Mukherjee et al.，2017）、制度环境（Baumol，1996；Chemin，2009；Harper，2013）等因素。

第二节　优秀企业家精神的新时代内涵

在大力推进中国式现代化进程中，需要进一步弘扬优秀企业家精神，激励企业家不断在爱国、创新、诚信、社会责任和国际视野等方面提升自己。新时代弘扬优秀企业家精神，应关注如下几个方面：

一是企业家必须增强爱国情怀。"中国式现代化，深深植根于中华优秀传统文化。"在中华优秀传统文化的众多特质和禀赋中，以爱国主义为核心的伟大民族精神处于首要位置，是推进中国式现代化进程的强大动力。"企业营销无国界，企业家有祖国。"对企业家而言，不管是作为一个普通个体、普通公民，还是作为一个创业者、实干家，不管是由内而外的朴素情感表达，还是由外而内的民族认同归属，都应该热爱自己的国家、建设自己的国家、奉献自己的国家。可以说，爱国情怀是优秀企业家精神的核心之魂。

二是企业家必须激发创新精神。"推进中国式现代化是一个探索性事业，还有许多未知领域，需要我们在实践中去大胆探索，通过改革创新来推动事业发展，决不能刻舟求剑、守株待兔。"对企业家而言，不管是面对坦途顺境，还是面对艰难险阻，不管是进行内部挖潜，还是开展外部开拓，都应该勇于冒险、敢为天下先，把企业打造成创新主体，在技术创新、管理创新、市场创新等方面积极作为，做创新发展的探索者、组织者、引领者，而不是畏缩者、懈怠者、排斥者。可以说，创新精神是优秀企业家精神的本质之色。

三是企业家必须自觉诚信守法。"一个现代化国家必然是法治国家"，"推进中国式现代化，是一项前无古人的开创性事业"，"必须更好发挥法治固根本、稳预期、利长远的保障作用"。对社会主义市场经济而言，首先是法治经济，意味着企业家必须有法治意识，要守法经营。这是任何企业参与市场经济活动时必须遵守的原则，也是长足发展、基业长青之道。与之相对应，社会主义市场经济还是信用经济，意味着企业家必须有契约精神，要诚实守信。这是任何企业与方方面面打交道时最好的"名片"，也是安身立命、行稳致远之本。可以说，诚信守法是优秀企业家精神的底线之规。

四是企业家必须履行社会责任。"中国式现代化是全体人民共同富裕的现代化"，推进中国式现代化，"既要创造比资本主义更高的效率，又要更有效地维护社会公平，更好实现效率与公平相兼顾、相促进、相统一。"从这个意义上看企业与社会的关系，会发现两者是和谐共生的，即企业不仅仅在社会的舞台上创造价值，也需要积极回应社会的期望。换句话说，"任何企业存在于社会之中，都是社会的企业"。因此，对企业家而言，不仅要承担经济责任，也要肩负法律责任，还要履行社会责任。可以说，社会责任是优秀企业家精神的应有之义。

五是企业家必须开拓国际视野。"要不断扩大高水平对外开放，深度参与全球产业分工和合作，用好国内国际两种资源，拓展中国式现代化的发展空间。"对企业家而言，必须要顺应经济全球化的大趋势，培养全球化的大眼光、大格局、大思维、大战略，在充分了解国际市场规则和知悉国际市场风险的前提下，深入挖掘国际市场的供需缺口，同步开展"走出去"和"请进来"，即将国内相应的产品、服务、文化"输出去"，将国外先进的技术、人才、理念等"引进来"。可以说，国际视野是优秀企业家精神的客观之理。

第三节　浙商精神是优秀企业家精神的一种演绎

一、浙商精神演绎历程

浙江商人缘起草根。他们不同于晋商、徽商借权力经营商业的官商身份，而是农民和体制内的人下海后兴起的商业圈层，属于体制内创新的民商。改革开放以来，大多数浙商最突出的特点是特别能吃苦，特别能钻研，特别有耐力，特别敢找出路，不等不靠，自立自强。用提炼已久的"四千精神"的说法就是"走遍千山万水，讲了千言万语，想了千方百计，吃尽千辛万苦"。

改革开放之初，浙商就是发扬"四千精神"，走南闯北，吃苦耐劳，从事小商品生产和交易。四十多年来，浙商积累了重要的原始资本，也为浙江经济繁荣发展作出了巨大贡献。

2008年金融危机后，不少浙商认识到，在信息化社会光靠"四千精神"已不能适应时代发展。"新四千精神"被提出，即：千方百计提升品牌，千方百计保持市场，千方百计自主创新，千方百计改善管理。有人总结说"四千精神"多在拼体能，"新四千精神"侧重拼智能。但"新四千精神"影响面并不大，表达也单调，总是强调千方百计，给人感觉很被动，所以社会认可度也不高。

原浙江省工商管理局局长、现浙商总会秘书长郑宇民多层次总结了浙商精神，指出浙商精神：用一个字，忍；两个字，勤奋；三个字，立潮头；四个字，卧薪尝胆；五个字，不轻言放弃；六个字，永远走在路上；七个字，长江后浪推前浪；八个字，白天老板晚上地板；九个字，敢闯敢冒敢为天下先；十六个字，千家万户、千军万马、千言万语、千山万水。这些概括依然无法说尽浙商精神，因为精神本身就是与时俱进的。

2017年11月10日，浙江召开民营企业家座谈会。会上发布了新时代浙商精神的新内涵，即坚忍不拔的创业精神、敢为人先的创新精神、兴业报国的担当精神、开放大气的合作精神、诚信守法的法治精神、追求卓越的奋斗精神。以"创业、创新、担当、合作、法治、奋斗"六个关键词为核心的浙商精神，既是对"四千精神"的传承和升华，也是当代中国优秀企业家精神表达的样本。

浙商精神是我国优秀企业家精神的"浙江版本"，是浙江经济社会快速发展的奥秘所在，它既包含着优秀企业家精神的共性元素，也蕴含着浙江地域、浙商群体的独特基因。

改革开放以来，浙江在一缺陆域自然资源、二缺国家资金投入、三缺优惠政策的条件下，经济社会发展一路高歌猛进，实现追赶式、赶超式、跨越式的发展，创造了诸多举世瞩目的浙江现象、浙江模式、浙江经验、浙江样本，这些正是浙商精神发挥作用的集中体现，成为浙江人务实勤奋、坚忍不拔等文化精神的代名词，成为传播浙江影响力、扩大浙江知名度、提升浙江国际形象的重要载体。

二、"四千精神"历久弥新

"四千精神"最早的官方表述见于 1983 年 1 月 11 日的《浙南日报》。在其第二版的《社队企业极需各方支持》一文中提到："社队企业人员'走遍千山万水，讲了千言万语，想了千方百计，吃尽千辛万苦'。"这也成为"四千精神"发端于温州的凭证。

习近平在《之江新语》的《不畏艰难向前走》一文中指出："浙江之所以能够由一个陆域资源小省发展成为经济大省，正是由于以浙商为代表的浙江人民走遍千山万水、说尽千言万语、想尽千方百计、吃尽千辛万苦。"

2023 年 3 月 13 日上午，国务院总理李强在他的首次中外记者见面会上回应关于民营经济发展问题，他在回顾当年江浙等地发展个体私营经济、发展乡镇企业时，再提"四千精神"："虽然现在创业的模式、形态发生了很大的变化，但是当时那样一种筚路蓝缕、披荆斩棘的创业精神，是永远需要的。"

改革开放以来，一大批有胆识、勇创新的企业家茁壮成长，形成了具有鲜明时代特征、民族特色、世界水准的中国企业家队伍。这当中，浙商光彩夺目。一个例证是，国家评选改革开放 40 年百名杰出民营企业家，浙商占有 9 席，足见其对民营经济发展乃至改革开放成就的显著贡献。

风光背后是奋斗。浙商身上那种为创业筚路蓝缕、披荆斩棘的拼劲，那种不怕苦、能吃苦的干劲，都值得发扬。有人说，浙商最会的就是"无中生有"，这也是"四千精神"的具体体现，没有想尽千方百计的韧劲，哪来的白手起家的浙商？哪来的名满天下的浙商？

从无到有，从有到优，数十年来，浙商秉承"四千精神"，不断拓展发展空间，书写了可歌可泣的民营经济发展史。可以说，正是在"四千精神"激励下，浙商闯出了新路，蹚出了名堂，也赢得了尊重。而在飞上枝头变凤凰的背后，是不为人知的艰辛，特别是创业之初，"白天当老板，晚上睡地板"是常有的事。

新时代重温"四千精神"，不是为了忆苦思甜，也不是为了一声浩叹，而是要探寻它的时代意义，发散它的价值光芒。因此需要厘清的是，"四千精神"发端于浙江，却不仅仅属于浙江。在很多地方，民营企业家身上都有这种精神，他们走遍千山万水、说尽千言万语、想尽千方百计、吃尽千辛万苦，才有苦尽甘来，事业有成。

还需要厘清的是，"四千精神"并非某个时代所独有，而是历久弥新、与时俱新的。在新时代，"四千精神"仍是一种刚需。2023 年初春，浙江多地民企组团出海抢订单，也称得上走遍千山万水。而为了尽早从疫情阴影中走出来，尽快恢复发展的动力、活力，一些民营企业家四处奔波找出路，也体现了想尽千方百计。

"四千精神"，深刻诠释了什么叫做企业家精神。创新，被称为企业家的灵魂，而"四千精神"中的"走遍""想尽"等极致性的行动，正是创新的基础和灵感来源。2022 年底，国家知识产权局发布《中国民营企业发明专利授权量报告（2021）》。数据显示，2021 年，我国发明专利授权量达 69.6 万件，排名前十位的国内企业中，民营企业占据 7 席。

"市场活力来自于人，特别是来自于企业家，来自于企业家精神。"党的二十大以来，国家不断优化民营企业的发展环境，并从制度和法律上把对国企民企平等对待的要求落实下来。在这种时代背景下，民营企业家传承"四千精神"，弘扬优秀企业家精神，在乘风破浪中勇毅前行，就能实现质量更好、效益更高、竞争力更强、影响力更大的发展。

三、"四千精神"时代价值与意义

"四千精神"是浙商的立身之本，是浙商精神的内核，也是浙江民营企业生命力和竞争力的根基所在。"四千精神"亦在与时俱进，历久弥新，被赋予新的时代意蕴。

1. **"四千精神"是浙商精神的一种表现形式。**"四千精神"从历史走来，向未来而去。它源自浙江，与当年改革开放的大环境有关，与民营经济的发展有关，也与浙江历史文脉的形成和传承有关。浙商精神呈现了浙江文化的精髓，具有旺盛的生命力。浙江要实现"两个先行"的奋斗目标，必须激活人的内在潜力，发挥主观能动性，更好发扬"四千精神"，去战胜面临的诸多困难和挑战。

2. **"四千精神"是改革开放初期浙江民营企业家创业精神的浓缩。**"四千精神"是浙江民营企业创新力发展历史的浓缩，也是浙江文化在创业史上的开花结果。新时代赋予"四千精神"新的内涵，浙商应"学会千言万语，结交千朋万友，攻克千难万坎，建立千秋伟业"。

3. **"四千精神"彰显了民营企业家对中国发展的巨大贡献。**中国经济发展任重而道远，要继续发扬"四千精神"，实施良政善治，优化营商环境，让经济建设与幸福社会协同发展。从政府管理的角度关照"四千精神"，就是让浙商不再走遍千山万水，而是最多跑一次，不必说尽千言万语，而是实行首任负责制，无需吃尽千辛万苦，而是享受经济富裕精神富足的幸福生活。

4. "四千精神"可以对中国式现代化、浙江'两个先行'、浙商代际传承作出现实回应。时代在变，精神不变，词汇含义在变，但是思维与意志的意义指向不变。"四千精神"作为主体自在自觉的意志体现、作为反映时代主题的实践典范、作为传承历史积淀文化标识，有其明确的时代意蕴，即：浙商要继续弘扬自在而自为的自强精神，不畏困难，创新有我；要继续弘扬勇立潮头的自信精神，永不言弃，拼搏有我；要继续弘扬义利并举的自主精神，仁为己任，担当有我。

四、与时俱进的浙商精神

以"创业、创新、担当、合作、法治、奋斗"六个关键词为核心的浙商精神，就是指"坚忍不拔的创业精神、敢为人先的创新精神、兴业报国的担当精神、开放大气的合作精神、诚信守法的法治精神、追求卓越的奋斗精神"。它既是对"四千精神"的传承和升华，也是当代中国优秀企业家精神表达的样本。

1. 坚忍不拔的创业精神

资源的先天不足造就了浙江人坚忍不拔的创业精神。治水三过家门而不入的大禹、为报仇雪恨而卧薪尝胆的越王勾践，都是古代浙江人艰苦创业的代表。汉代以后，特别是东晋与南宋时期，不断南迁的北方移民，纷纷在浙商落户扎根。面对日益沉重的生存压力，浙江人磨炼出坚忍不拔、锐意进取得开创意识和自立自强精神。同时，人口密集、临近大海加上土地的匮乏和耕种困难迫使浙江人勇敢地外出谋生，漂洋过海闯荡世界，从而激发了浙江商业和手工业的发展动力。

浙商史，是一部跌宕起伏的创业史。读懂他们的创业故事，也就能领悟他们中流击水和激流勇进的创业精神。改革开放以来，从修鞋匠到商界奇才，从地摊小贩到集团"掌门人"……耀眼的人生曲线是众多浙商的创富路线图，看似"飞上枝头变凤凰"的"幸运"鸟，起点却是打铁匠、木匠、货郎担、收破烂的草根农民。在他们创业早期，白天是老板，晚上睡地板，在大江南北、长城内外艰苦创业。这是"四千精神"的集中体现，这是浙商成功的关键所在。

民营企业家要继续弘扬坚忍不拔的创业精神，保持逢山开路、遇水架桥的闯劲，水滴石穿、绳锯木断的韧劲，锲而不舍、百折不挠的干劲。这是对"四千精神"的传承与发扬。

2. 敢为人先的创新精神

浙江人具有创新的基因，沿海的地理位置形成了浙江人勇于开拓、敢于冒险的胆略，又受西方近现代文化的影响，把敢闯敢干、开拓创新的精神品质在实践中加以运用。浙商身上有一股独特的精气神。他们敢为人先，具有强烈的创新意识，在改革开放中领全国风气之先。温州人最早开创的突破禁区的温州模式，义乌人从"鸡毛换糖"起步的小商品经营，嘉兴人步鑫生的城市集体工业的改革等，都是改革初期的创新之举。

具有创新精神的浙商倾向于拓展自己的经营边界，更加关注企业的技术水平和研发能力，乐于采取探索型战略。对市场的机会具有远见卓识，能够对环境作出快速反应，不断创新思路和打破市场均衡，保持企业在技术方面的领先性和敏捷性，最终获得竞争优势和创造出卓越业绩。

改革开放四十多年来，创新精神支撑下的浙江商人创新不断，无论从产品到组织都有。马云的"阿里巴巴"、徐冠巨的"传化物流"等皆为敢为人先的创新之举。"要始终牢记不忘初心，坚守实业，锐意创新"，宗庆后这句话反映了浙商几十年创业与守业的缩影。在当前国内经济结构转型、国际风云变幻的严峻形势下，民营企业家要积极实施创新驱动发展战略，继续大力推进制度创新、科技创新、营销模式创新，在创新驱动发展上实现新飞跃。增强直面荆棘的无畏勇气、敢为人先的胆识魄力、善于创新的本领能力。

3. 兴业报国的担当精神

企业家要有家国情怀。"未有我之先，家国已在焉；没有我之后，家国仍永存"。企业家的担当精神，表现在：一是有以国家和民族复兴为己任的家国情怀和使命担当；二是能担当社会和企业事业的重任；三是担当其人生价值的实现。核心是其担负起商业运营中对其利益相关者应尽的责任，做到：（1）企业经营诚实守信，货真价实；（2）推进产业升级，促使企业可持续发展;（3）保护职工利益，保护环境，推动慈善事业发展，为国分忧等。这些都是担当的具体表征。

浙商是一支积极的、变革的、创新的社会驱动力量，兴业报国，勇于担当，这正是老一辈浙商在崎岖的成功之路上用心血留下的路标，后来者只有循着它们才能攀上风光无限的顶峰。共同富裕浙江示范区和两个先行区建设，需要浙商创造更多的物质财富与精神财富，担当起民族强盛的重任。

大约从 2006 年 2007 年间开始，浙商社会责任进入有组织有计划的规范化阶段。2007 年，西子联合控股有限公司在 2 月发布了首份浙江省民营企业社会责任报告，这也是全国最早公开发布的较为系统规范的民营企业社会责任报告之一；华立集团发布了中国民营企业首份社会责任评估体系《HL8000 华立集团社会责任标准和评估体系（2007 版）》，推出了民企社会责任定性定量的评价标准，并同步设立由董事长汪力成个人出资的环保、教育基金。在 2007 年浙商大会上，1000 多名浙商郑重地在"浙商社会责任倡议书"上签字，共同作出五大承诺：改革创新，做强做大；关爱员工，诚信守法；环境友好，节约资源；扶贫济困，热心慈善；修身立业，传承文明。积极宣扬与时俱进的浙商精神，引导企业摒弃唯利是图的价值取向，树立将人的发展与企业的发展和谐统一的价值理念，将企业的发展目标与社会的发展目标和谐统一。

"企业家的地位不是来自财富排名，而是来自财富的担当，企业家应当做建设美好生活的主力军，履行先富帮后富的责任，成为富有作为、富有创造、富有理想的现代企业家",这是对浙商的担当精神的概括也是希望。浙江企业家要继续"弘扬兴业报国的担当精神,富而思进、富而思源、富而思报,确立起更强的家国情怀,承担起更多的社会责任"。"苟利国家生死以,岂因祸福避趋之。"林则徐这句名言可作为浙商座右铭。

4. 开放大气的合作精神

在浙江这块土地上,海洋文化与内陆文化的交织,一方面成就了浙商的开放心态和开拓热情,另一方面也培育了浙商灵活变通、兼收并蓄的博大胸怀。浙商很早就注意供应链的建设,产业集群在浙江大地的迅速兴起,块状经济成为浙江经济的重要特征,合作精神是其中的润滑剂。在供应链中能够注重配置关键部件或小的有技术含量的配件,以技术和规模取胜,这是浙商善于把握之处。

如台州的汽车及零部件、模具与塑料产业集群,杭州的全球数字安防产业集群等,大都为"龙头"加"集群"的供应链合作方式。以合作精神为支撑,围绕大品牌分工明确,多家配件厂家为其供货。表现在竞争合作中做强做优,竞争中实现优胜劣汰,合作中谋求更好的共存方式。

浙商从抱团发展、小商品城建设到产业集群的壮大,都离不开开放大气的合作精神的发扬。世界各地的浙商协会、"三通一达"、阿里的互联网平台和五莲望平台,都是浙商合作精神的体现和展示。合作精神也使浙商视野开阔,行动迅速,发展持续。经济全球化时代,浙商面临的竞争对手更多,问题更复杂,需要机遇共享、合作共商、发展共赢,才能发展壮大。浙商只有根据自身实力，与各类利益相关者进行更好更多的合作，才能勇立潮头，走在全国前列。

5. 诚信守法的法治精神

社会主义市场经济的实质就是法治经济和诚信经济，良好的社会信用是经济社会健康发展的前提。诚信为根本，守法为底线，义在利先，千百年来被一代代浙商奉为圭臬。

大道至简，悟者天成。从封建社会的"真不二价"到改革开放初期的怒烧假货，再到近年的永不行贿，诚信一直是浙江商业文明史上最耀眼的底色。同时，浙商也因此收到了丰厚回报。

胡庆余堂中药就是一个典型事例。胡庆余堂制药遵守祖训"采办务真，修制务精"，恪守的制药名言"修合无人见，存心有天知"。创办人胡雪岩亲笔所写的店训"戒欺"匾额至今还挂在堂前，告诫后继者不忘诚信。而20世纪八十年代后期到九十年代中期，当时的胡庆余堂领导人偏离诚信为中心的企业文化，企业只想赚快钱，药材质量下降，诚信打折，整个企业经营状况也随之恶化，企业到了破产边缘。在这生死攸关之际，胡庆余堂的传承人中国青春宝公司掌门人冯根生兼并胡庆余堂，恢复优秀企业文化，坚持诚信经营，胡庆余堂很快再现活力。

从草根到栋梁，从优秀到卓越，从能力到能量，法治和诚信一次次为浙商生生不息、繁荣壮大注入强劲动力。新时代，新征程，全球1200万浙商更要严以自律，以诚信守法为要，遵守国家各项法律与法规。对内要关爱员工，用工要符合劳动法和劳动合同法。对外要诚信经营，遵守契约精神。当然对环境也要友好，遵守各项环境法律法规，这是企业的社会责任也是诚信守法的体现。"不行贿、不欠薪、不逃税、不侵权"也应该是全体浙商的共同选择。正因如此才使浙商从改革开放初期的一群无名小卒，到如今成为大名震中外的国内头号商人群体。

6. 追求卓越的奋斗精神

浙商比较务实、肯干、能吃苦，"深入实际"、"不尚空谈"，也就是凡事要"践行"。也就是，说一千，道一万，必须要落实到行动上。浙商往往是连串户、亲戚朋友甚至几代人一起干一件事，做一种颗粒度很小的单品生意，如纽扣、拉链、面膜、袜子、领带、皮革、木门、五金、吸管、阀门、轴承等。他们各家各户分工协作，想方设法共同把一个细分行业做深做精做透，把产品做到多快好省，成为全国甚至全球的行业单项冠军，最终在本土形成最具竞争力的特色产业集群，释放出巨大的集群效应、组织效率。

追求卓越是浙商精神的生动写照。浙商树立做百年企业的梦想，争创一流企业、一流管理、一流产品、一流服务和一流文化。远的如"张小泉"剪刀制作，"良钢精作"是张小泉品牌和企业文化的核心，用匠人精神精心制作剪刀。近的如"公牛"电器开关的制作，公牛插座能达到开关 80000 次的使用寿命，是国家标准的两倍，安全性能好。公司肩负"为客户创造安全舒适用电体验"、"成为国际民用电工行业领导者"的使命而不懈奋斗。奥康公司在王振滔领导下追求卓越。近年来奥康启动"产品 4.0"升级战略，旨在通过智能化的信息整合、智能分析、智能创新、智能研发、智能制造，从而不断实现产品的转型升级。

浙商需要继续秉持和弘扬工匠精神，用心制作，精雕细琢，追求卓越，成就更多的一流，使浙江这方土地继续熠熠生辉。

民营经济的发展从来都不是风平浪静的，真正的民营企业家也从来不奢望发展之路是一马平川的。因此，在任何情况下都应当努力做到不懈怠、不躺平、不放弃，让企业家精神中的志气、骨气、底气永不失落。特别是新一代企业家更应自觉接续前辈的艰苦创业精神，坚信勤劳致富、诚信致富、智慧致富，将资本纳入法治的轨道上。要懂得敬畏，懂得"壹志"之精要，懂得约束之必需——约束是自由最好的保护神。

第四节　浙商精神的"三底色"

浙商是浙江省国民经济的中流砥柱，浙商为浙江、为中国乃至为世界创造了巨大的物质和精神财富。浙商的"四千精神"和"二千现象"众所周知。"四千精神"指的是浙商强烈的创业精神——走遍千山万水，想尽千方百计，说尽千言万语，吃尽千辛万苦。"二千现象"指的是"千年、千万"——上下数千年历史，全球上千万群体，说明浙商发展历史悠久、群体规模庞大。

走访浙商企业，通常会先参观他们的展厅。或豪华或低调，内容往往少不了"红黄绿"三色：红——以爱国为底色，与中央决策部署、与国家大政方针同频共振，主题包括参政议政、政商关系、两个健康，以及呼应地方党委政府倡导的热点等；黄——也就是金色，以创业创新为底色，主题包括就业税收、行业贡献等经济指标，这是企业的基本功；绿——以科技创新和社会责任为底色，主题包括绿色低碳、数字智能、社会责任、共同富裕等。

一、红

改革开放后全国第一位合法个体工商户、第一本股份合作制企业营业执照、第一个合法注册的私人钱庄、第一家私人银行、第一个私营企业党支部、第一家乡镇企业上市公司、第一家自然人直接控股的上市公司、第一家H股上市的内地民营企业、第一张财团类法人执照、中小板上市公司第一股、A股第一家纯互联网业务上市公司……

这些改革开放后中国民营经济史上的首创或首例，都是由浙商创造的。"敢为天下先"是浙商的特质之一，敢作敢为，善于突破、创新，同时又务实稳健。经济上如此，政治上也是这样，建设亲清政商关系也是如此。

2002年，浙江省被中央列为非公经济代表人士参政议政试点省份。41岁的徐冠巨当选为浙江省工商联会长，是改革开放后首次由新一代非公经济代表人士出任省工商联主要负责人。次年又当选为浙江省政协副主席，开创了中国新一代非公经济代表人士参政议政的新高度。此后，2012 年南存辉、2017 年和 2022 年王建沂相继当选浙江省工商联主席，浙江由此成为全国唯一的连续五届省工商联主席均由民营企业家出任的省份。

2022 年 12 月中国工商联第十三次全国代表大会上，有三位浙商同时当选全国工商联副主席或副会长，保持了与上届同样的高纪录；而来自温州的钱金耐，不久前以外来创业者身份当选乌鲁木齐市工商联主席。

从改革开放前一无所有，到异军突起走遍天下，经历了这一从无到有过程的浙商，对党和国家的改革开放政策怀有敬重和感恩之心。他们对政策的变化很敏感，对商机的嗅探也很灵敏。可以说，浙商是领会执行中央决策部署最认真的，也是把政策用得最好的群体之一。

浙江民营企业普遍重视党建，即使老板自己不是党员，也全方位支持党建工作。成立全国私营企业第一个党委的传化集团，董事长徐冠巨本人是无党派人士，但给党委书记创造了足够的平台、空间和资源，从起跑领先持续成为全国民企党建的标杆。

2021 年七一前夕，浙商博物馆策划推出了一项"建党百年百名浙商百句祝福"特别征集展览活动，请一百位知名浙商每人写一句祝福语，因为要写在同一块丝绸长卷上，只有一个多月的时间，又必须本人亲笔书写，意味着他们需要迁就主办方的时间。这项看起来不可能完成的任务，进行得出乎意料地顺利。宗庆后、徐冠巨、南存辉、李书福、王建沂、沈国军、王振滔、汪力成、王水福、张天任、宋汉平、冯亚丽、李如成、郑坚江、陈爱莲、茅理翔等纷纷题写，往往都是联系预约后第一时间就做了安排。

二、黄

浙商经常被誉为当代中国第一商帮，从数据看，确实当得起这个名头。

全国工商联发布的中国民企 500 强排行榜，浙江民企始终位居榜首。浙江省 A 股上市公司六百多家，只比广东略少一些，而广东省的常住人口差不多是浙江的一倍。

此外，浙商还离开家乡，走遍大江南北长城内外，形成了"浙江人经济"这一特殊的经济现象。据统计，高峰时有超过 600 万名浙商在全国各地投资创业。浙商在省外创造的经济总量与同期省内 GDP 比值最接近的时候大约出现在 2010 年前后，其时省外"浙江人经济"总量大约是同期浙江省 GDP 的 80% 左右，相当于浙商在省外又再造了一个浙江省。浙江省成为中国 GNP 最高的省份，这是浙商和浙江对中国的特殊贡献。

以中国经济龙头上海为例，上海民营经济第一方阵——"2021 上海民营企业 100 强"榜单上，浙商企业一共 34 家，超过总数 1/3。在 2022 胡润富豪榜上，上海排名前 10 位的富豪中，5 位是浙商。

浙商在其他省市同样人数多贡献大。比如在广州的网易、安徽的阳光电源，而在钢铁大省河北，浙商控制的千亿级钢铁企业就有两家。按照市值或年营业收入计算（2021 年度），据不完全统计，浙商在省外至少创立了 15 家

"千亿企业"。

浙商的创业创富，不靠特殊优惠、不依赖特定资源，而是充分利用国家政策、依靠市场的力量。让没有牛的海宁、没有羊的桐乡、没有森林的南浔、没有金属矿的永康，分别成为了全国皮革、羊毛、木地板和五金产业的集群中心。

农夫山泉创始人钟睒睒、娃哈哈创始人宗庆后，都是靠着一瓶水，分别多次登顶亚洲首富和中国大陆首富。做豆腐的祖名、做筷子的双枪、做插座的公牛，都成功登陆 A 股，甚至市值超千亿元。这样的创富故事，更加平民化、更加接地气，也更加励志。

三、绿

草根出身创业的早期苦难经历，使得浙商不仅具有吃苦耐劳的"四千精神"，也让他们更认同平民化的生活方式，更容易有感恩之心，更加愿意回报社会。

在浙江省成为共同富裕示范区之前，浙商就已经有行动，并形成了诸多的基层探索成果。

万向集团有美国雇员一万多人，公司创始人鲁冠球一直到 2017 年去世，终身住在村里，一直住在 1983 年自己亲手建造的农家屋里。

一辈子保持"农民身份"的鲁冠球很早就有回报社会的善举，1984 年他获得乡政府承包奖励 11.2 万元，这在当时是一笔巨款，自己还并不富裕的鲁冠球将其中 10 万元捐给乡里办学校，余下 1.2 万元买了国库券。

2000 年，万向从杭州市郊县、丽水地区开始开展"四个一百"工程（即资助 100 名孤儿成长、100 名特困生读书、100 名残疾儿童生活、100 名孤寡养老）。之后逐步扩展到"四个一千"和"四个一万工程"——即各类资助对象分别增加到 1 万人。该公益项目启动 20 余年来，已在全国 21 个省、222 个县区设立了资助点，已经累计资助了 47000 人次，总金额近 3 亿元。

在鲁冠球去世后的第二年，鲁伟鼎继承父亲遗志，设立了首支慈善信托——鲁冠球三农扶志基金，这是当时国内规模最大的慈善信托。

2019 年 7 月，鲁伟鼎又宣布将万向集团公司的资产，全部捐赠设立鲁冠球万向事业基金，开创了国内大公司的全部资产投入公益基金的先河，价值将近 150 亿元。

吉利集团发起的"吉时雨"精准扶贫项目成立于 2016 年 3 月，至 2020 年底，累计投入资金 6.8 亿元。而吉利集团迄今投资创办的各类学校达到 9 所，以至于董事长李书福的姓名都被解读为"书生有福"。

娃哈哈创业近 40 年，累计缴纳税收近 800 亿元，直接的公益慈善捐款近 8 亿元。而老板宗庆后自己，一年的个人消费只有 5 万元左右，总部办公楼迄今尚蜗在清泰街一个 20 世纪 80 年代的居民楼里。

这样的故事，记成流水账可以罗列得很长很长。

浙商是一路风雨兼程走过来的，有不怕苦、不怕输的精神，不怕风浪、逆风前行是他们的本色。在艰难困苦的时候，依然千方百计地想办法。有这样的精神底色在，浙商群体在浙江省新时代"两个先行"征途中的表现，值得更多期待。

（此章节内容主要根据西湖书院浙经国际论坛资料，由周德文、沈林翔、焦长勇、杨轶清、张少龙、徐振宇、徐英善、沈涛、金顺星、李咏、焦艳、庄银富等加工整理而成。）

走出国门

Chinese Modernization
and the Healthy Development of the Private Economy

第五章
民营企业走出去的战略选择

第一节 企业走出去的宏观背景发展

当前我国正在推动全方位高水平对外开放，主动参与引领全球治理体系变革，积极应对外部环境深刻变化带来的风险挑战。中国民营经济也要主动"走出去"，参与国际经济大循环，尤其是在共建"一带一路"倡议下，中国民营企业"走出去"，在"一带一路"沿线国家大显身手，形成国际贸易、国际投资、国际基础设施建设等领域优势互补的区域经济格局和国际经济合作发展的亮点，为我国民营经济积极拓展国际市场，推动国内国际双循环，引领产业转型升级，实现更加持续、健康、强劲的发展提供了良好契机。

改革开放后，在"引进来"与"走出去"背景下，中国积极、全方位参与国际政治、经济、社会、文化及自然环境事务。特别是在经济领域，中国1980年加入世界银行与国际货币基金组织，1986年中国申请恢复关税及贸易总协议的缔约国身份，之后中国加入了联合国众多多边组织、世界贸易组织、亚太经合组织、中非合作论坛等，配合参与联合国及下属多边机构促进世界经济发展活动，同时主动增进与各国之间的友好关系，促成各个领域的发展与合作，并向世界介绍"中国经验"，阐述"中国主张"，提出"中国倡议"，作出"中国贡献"。

企业走出去，走向国际市场，不是今天才发生的事情。我国改革开放之初，就要求外商投资企业将销售市场放在海外，以获得外汇。1996年我国就开始出现家电产品的产能过剩，是遭遇亚洲金融危机之后，家电、纺织业产品的产能过剩尤为突出。政策上在1998年提出了"西部大开发"和"走出去战略"，但那个时候走出去是政府和政策要求企业走出去，尤其是到海外投资，主要是轻工消费品产业。浙江温州和义务的商人早期在海外市场直接销售生活消费品。2013年中国提出了"一带一路"战略倡议，从更大战略推动企业走出去，开拓国际市场。此时走出去，不仅是企业走出去，政府也成为走出去主体，即政府之间签署协议，为企业海外投资、贸易等发展搭建规范性政策平台以及各种便利，包括建立海外投资产业园，政府合作主导下进行项目投资和开发等。这个阶段走出去不仅有消费品产业，更多是建筑业、工程承包、钢铁、有色、大型机械设备企业，当然，能源、交通、港口、电信设备等基础设施企业也是走出去的重点。

经过四十多年的走出去发展，我国走出去的主体和走出去的内涵也在不断变化，从早期的外商投资企业、贸易企业扩展到内资企业，从主要是国有企业扩展到民营企业，从传统消费品走向现代消费品，从传统制造走向现代化制造。尤其是在一些竞争性产业和我国产能制造优势产业，民营企业走出去占据重要地位。2023 年 7 月发布的《中共中央 国务院关于促进民营经济发展壮大的意见》第十八条指出：鼓励提高国际竞争力。鼓励民营企业拓展海外业务，积极参与共建"一带一路"，有序参与境外项目，在走出去中遵守当地法律法规、履行社会责任。

截至 2023 年末，我国真正走向国际的投资规模相对较小，与我国经济国际地位不匹配。企业也需要走出去，化解国内产能过剩，推进企业转型升级和现代化发展。截止到 2021 年，我国对外直接投资存量总额 27851 亿美元，2021 年年度投资 1788 亿美元，规模不算低。但是，观察投资区域结构，真正走出去的投资相对较少。对外直接投资存量中，香港就达到 15497 亿美元，剔除香港的对外直接投资，只有 12354 亿美元。如果将开曼群岛、维尔京群岛的投资存量剔除，真正对外投资 4917 亿美元，对整个欧洲的投资累计 1348 亿美元，非洲 442 亿美元，拉美 694 亿美元。分摊到一些国家，规模就更小了。区分投资的企业性质结构，民营企业海外投资规模会很有限，而且主要集中在一些资源类、矿产类企业。

表 5-1 我国对外直接投资情况单位：亿美元 %

	2021	2019	2018	2015	2014
投资总额	1788	1369	1430	1457	1232
香港	1012	906	869	900	709
占比 %	56.60	66.18	60.77	61.77	57.55
"一带一路"国家	203	150.4	156.4	148.2	
占比 %	11.35	10.99	10.94	10.17	
香港	15497	12754	11004	6569	5099
占比	55.64	58.00	55.51	59.83	57.77
开曼、维尔京	7428	4180	3897	1131	935
非洲	442	444	461	345	324
拉美	6937	4360	4068	1263	1061
北美	1002	1002	963	522	480
欧洲	1348	1144	1128	837	694

资料来源：国家统计局网站，投资含金融类。剔除金融类，数据更小，如根据商务部网站数据，2022 年我国非金融类对外直接投资 1168.5 亿美元，增长 2.8%，对全球 160 个国家和地区，企业 6430 家，平均每家投资规模 181.7 万美元。

第二节　为什么要走出去

当前，民营企业走出去，开辟新的市场，是中国经济发展进入后工业化时代的必然，也是当前经济形势和国家发展战略的需要。

一、国内经济发展趋于成熟和产能过剩，必须到海外拓展市场

经过改革开放四十多年的发展，我国经济基本进入工业化、城镇化的后期阶段，其标志是服务业占经济比重超过第二产业，且比例相对稳定，制造业比例大体稳定在 GDP 规模的三分之一左右。城镇化率已经达到 65%，后续每年进入城市的人口从 2017 年前的 2000 万人以上，下降到 1000 万人乃至以下，城市的住房和基础设施建设基本能够满足未来城镇化人口的需求。在经济进入后工业化、后城镇化的发展阶段，我国国内出现了持久的产能过剩，绝大部分传统产业钢铁、有色、水泥、玻璃、工业制造品、化工产品等国内市场趋于相对饱和，可以开发的市场空间有限，年度增长较低，表现为工业增加值的增长持续下降。由于工业化、城镇化的

基本完成，经济增长速度趋向持续下行，这从 2021 年以来尤其明显，经济增长速度从 10% 以上下跌到 5.5% 以下。供给方的增长动力主要来自于结构性调整、新技术、新产业和运用现代化技术（包括互联网、数字化、智能化）产业，即实行结构转型升级和运行新技术企业带来的增长，出口扩大带来的增长。

由此可见，民营企业要获得可持续增长和更高的利润，必须开拓国际市场，实行国际化，才能有新的发展空间。事实上，最近多年，出口企业和走出去的企业，其业绩和转型好于纯国内市场的企业。

表 5-2 我国有关经济指标情况 单位：%

	2012	2019	2021	2022	2023
第一产业	9.1	7.1	7.2	7.3	7.12
第二产业	45.4	38.6	39.3	39.3	38.28
第三产业	45.5	54.3	53.5	53.4	54.60
工业增长	5.94	4.8	10.4	2.7	4.2
经济增长	7.9	6.0	8.4	3.0	5.2
城镇化率 %	53.1	62.71	64.72	65.22	66.16

注释：产业指占 GDP 比重，工业增长、经济增长、城镇化率为当年数据，工业为增加值指数。资料来源于国家统计局网站。

二、从人口和经济增长看，国际市场潜力巨大

只有走出去进行国际化的发展，才能打开新的市场空间。事实上，2022年全球人口达到了80亿人，其中发达国家人口10亿人左右，我国14亿多人，如果以收入水平合计，全球中、高收入国家的人口不超过30亿人，还有约50亿人口没有实现工业化，其收入水平有待提高，无论是经济规模、贸易规模和境外直接投资等发展潜力，都很巨大。不仅如此，过去的30年，全球平均每十年增加人口8亿-8.4亿人口，预计未来40年内全球人口还将增加20亿-30亿人口，未来全球人口将达到105亿-110亿人口。但这些增加的人口不在我国，我国人口2022年下降85万，2023年减少200万以上，我国人口总体趋势是下降的，有测算数据认为到2100年，我国人口可能下降到10亿人甚至更低。

从一般生育率（全部育龄妇女生育率）看，2021年非洲国家相对较高，大多在千分之三到千分之七之间，如尼日尔（人口2525万）6.82，索马里（1707万）6.31，尼日利亚（21340万人）5.24，发达国家相对较低，法国1.83，美国1.66，德国1.58，我国1.16，印度2.03，印尼2.17，巴基斯坦3.47。由此可见，未来的人口增加主要在发展中国家，包括印度、巴基斯坦、印尼、非洲等诸多国家，其人口出生率远远高于我国水平。人口是市场和经

济发展的基础，故未来国外的市场潜力尤其是发展中国家的市场潜力远远大于国内和发达国家，民营企业应该及早准备。

表 5-3　全球人口变化情况 单位：万人

	2021	2011	2001	1991	1961
全球人口	788841	705353	622634	538266	307351
中国	141236	134504	127185	115078	66033
印度	140756	125762	107897	88894	45635
美国	33189	31158	28497	25298	18369
欧盟	44720	44077	42990	42174	35994
日本	12568	12783	12715	12396	9406

资料来源：快易理财网，https：//www.kylc.com/

三、中国经济对全球市场要产生巨大、持久影响，走出去是必然

1760—1840 年，英国工业革命时期的人口从 800 万人口不到增加到 1800 万左右，一战前夕的英国人口也不过 4300 万；1816 年美国才 850 万人口，1840—1890 年美国工业化、城镇化过程中，不断吸引全球移民，1894 年

美国经济规模上超越英国，1900 年美国人口 7500 万，1913 年 9951 万人。德国、法国工业化结束后的人口都没有超过 6000 万人口。英国、美国、德国、法国的工业化对全球产生了重大影响。而我国工业化起步阶段的人口从 1978 年算起，达到了 9 亿人，从新中国建立以来算也是 6 亿人多，今天是 14 亿人口，故中国经济对世界的影响将远远超越英国和美国。可以说，我国经济对全球的影响，尚处于起步阶段。当我国企业尤其是大量民营企业走向世界，将以中国思维和中国的工业化模式，以和平发展，对未来世界产生巨大影响。因为中国的人口、企业数量和发展速度、效率，都是英国和美国工业化过程所无法比拟的，也是其他发达国家无法比拟的。故民营企业一定要把握好历史的机遇，开拓国际市场，推动全球经济走向现代化文明。

英国、美国等工业化过程，伴随着金本位制度，其汇率相对较高。英镑、美元通过高汇率可以获得廉价的资源和消费品，而大部分发展中国家，由于黄金和英镑的短缺，其购买力有限。不仅如此，英美等发达国家在发展中国家投资销售的产品和本国出口的产品也是价格高昂，其技术转移价值昂贵，发展中国家难以进行普及和提高，这也是主要发达国家控制其他国家发展的一种方法。

而我国的工业化和城镇化模式不同，所取得生产要素是廉价的土地、劳动力、技术、汇率，因此，工业化产品、技术、设备的输出相对廉价，尤其是我国有大量企业，从事同类产品制造，因此而采取了价格竞争策略，产品价格基本是定位在薄利多销，与欧美高昂的垄断价格不同。这种发展模式决定了中国的工业化模式更容易被广大发展中国家接受，更有利于推动东道国的经济发展和工业化、城镇化、现代化的实现。而且，发达国家由于长期的高汇率、高附加值，难以适应发展中国家的需求，难以推动其工业化发展。因此，中国模式在发展中国家将与发达国家模式竞争，并获取市场优势。2023 年，我国在工程建设、铁路、公路、桥梁、港口、码头、发电设备、电站建设等领域，其投资成本和供给价格以及建设周期、回报周期上已经占据优势。

四、走出去也是国家发展战略的需要

工业化和城镇化的过程，往往是产能扩张和发展的过程，工业化、城镇化进入相对成熟阶段以后，产能和投资扩张往往带来严重的产能过剩，英国、美国、日本等都曾经经历过。英国工业化过程，伴随着战争、侵略、殖民地，因此而化解了产能过剩，到一战前夕，英国殖民地是本土面积的 110 倍，达到 3350 万平方公里，建立了英镑贸易区。美国 1840—1890 年经历了工业化，1894 年以后经济超越英国，美国工业化过程伴随着劳动力短缺，通过移民增加和持续流入，解决了劳动力短缺问题。当美国出现产能过剩时，由于美国移民特征，存在着血缘关系的全球化优势，在后来的一战和二战中，美国利用这种优势，在保持中立的同时，与交战双方进行贸易，提供军需物资，为交战双方提供美元债务和战后债务援助、经济建设支持，化解了美国产能过剩。经过一战二战，美国成为全球最强大的国家，主导建立了战后贸易经济秩序，实行有利于美国出口的关税和贸易协定以及国际货币体系、汇率制度，化解了美国产能过剩，后来又通过转型升级，在全球实行分工，美国提供贸易逆差，实行资本账户顺差，长期解决了产能过剩问题。

我国的工业化结束后，成为全球最大的制造业国家和产能供给以及产能过剩国家，我国不可能依靠殖民地、战争以及血缘关系优势来开拓国际市场，我国利用现有的国际贸易秩序、加入世界贸易组织而进入国际市场。但今天，我国的产能过剩是在加入世界贸易组织20多年后出现的，我国的产能过剩，就是全球产能过剩，因为没有一个比我国市场更大的市场来化解中国的产能过剩。当初英国、美国等工业化的时候，是世界的领先国家，其他国家尤其是人口大国尚未实现工业化，这些发展中国家的工业化有利于化解发达国家的产能过剩乃至进行分工发展，而当下的我国没有这个条件。除印度外，其他市场相对我国来说，都是小众市场，难以容纳中国巨大的产能过剩，我们必须探索新的出路，新的全球化发展思路。

2013年我国发起了共建"一带一路"倡议，提出了"构建人类命运共同体"的设想，得到了全球一百多个国家的支持和呼应。构建人类命运共同体和"一带一路"，是世界经济全球化的新思路和新方向，强调各国之间是命运共同体，倡议加强"政策沟通、基础设施联通、贸易流通、资金融通和人心沟通"，尤其是基础设施的联通，这是全球化的硬件设施建设，不同于既往世界贸易组织的软件建设——谈判机制和制度开放协议，而且没有任何附加条件，同时中国还提供大的进口品市场和资金、技术、设备等支持，这些是以美国为主导现行经济全球化机制所没有的、缺失的，因此更受广大发展中国家的支持和欢迎。这一新型全球化的思路，就是带动全球全部人口进入工业化、现代化文明，而且是以廉价的工业化、现代化技术，这不仅可以帮助发展中国家进入工业化、城镇化和现代化，也能推动中国走向世界，解决我国产能过剩。

民营企业走出去，尤其是海外投资，不仅有利于自身发展，也有利于推动东道国的经济发展、就业增加和居民收入提高，就是以实际行动响应和支持国家战略实现，推动人类命运共同体的建设和发展。

第三节　对民营企业走出去的几点思考

今天，民营企业走出去，已经不仅仅是贸易和投资问题，而是竞争力尤其是国际竞争力的问题，也涉及企业的未来生存和发展问题。工业化、城镇化的必然结果就是国际化、全球化，只有融入全球化，才能适应现代化的发展需要。中国近代的落后，就是没有融入全球化。后工业化社会，中国必须融入全球化，才能真正适应时代的潮流。

有些民营企业已经成为国际化的企业，而且很成功，但只是少部分，还需要大量的企业走向国际化，才能真正解决当下中国经济和企业发展面临的挑战和压力。为此，建议：

一、企业要有国际化发展的意识和战略准备

企业走出去，首先必须有发展国际市场的意识和期望、准备，否则，不可能实现国际化发展。也只有具备了国际贸易和走出去的意识，才会开展进出口业务和海外投资。同时，对国际化的发展，要进行设想、规划，至少要做一个五年十年国际化的发展战略规划，没有国际化发展的雄心和壮志，就不可能有国际化的行动和投入。

首先要考虑的是国际化发展的人才准备。要根据业务发展和需求，吸引和招聘贸易和海外投资专业人才，既要懂外语，又要懂业务。如果招聘人才成本太高，就企业培养和培训（包括给予学习外语机会或者鼓励学好外语），乃至对海外投资项目进行人才、就业人员的当地化管理和培训，适应融入国际社会尤其是东道国的要求。

其次，从贸易逐渐拓展到海外直接投资。企业国际业务发展，可以首先从出口、进口开始，通过开展对外贸易，积累国际经验和人才。以前没有出口的，要将产品质量提升，可以出口，甚至进口国外先进设备和技术，以促进出口。鉴于出口利润相对较低，或者成本较高，可以根据情况，将出口转化为投资，到出口国当地设立工厂，乃至将出口设备作为股权进行投资，或者进行设备租赁。有了国际业务发展的人才和经验，将来可以将贸易、投资

结合起来，在海外进行进出口、投资、兼并收购等业务；在贸易难度增加的同时，将贸易品转化为股权、设备租赁。特别需要指出，无论是在国内进行贸易，还是海外进行贸易，都要注意利用网络工具，这可以大大拓展客户范围和数量，条件成熟，企业可以组建自己的专业化产品网络，巩固自己的客户。

在战略上，企业走出去要做到内外结合，以外部市场开拓积累利润，支持企业的研发创新投入，改变过去依靠价格竞争缺乏利润积累和研发投入的局面；改变竞争模式，要从价格竞争走向服务竞争、售后服务竞争，技术竞争，人才竞争。

再次，要做好境外市场尽职调查。无论是开展国际贸易还是在海外投资乃至收购兼并，都需要做好市场尽职调查。就贸易来说，需要了解企业产品的市场规模、价格、成本、利润，行业发展情况，容易出现的问题和应对措施也要把握，同时了解合作伙伴、竞争对手的布局情况，真正做到知彼知己。提前做好产业发展布局、规范、知识产权保护和专利申请。如果在当地设立企业从事贸易和投资，了解相关国家的法律制度和产品技术标准、投资政策、环境保护政策、税收政策、外汇管理政策等，确保企业行为合法、合规。关键资料和重要信息，市场尽职调查最好是企业自己去完成，对贸易国、投资国的宏观经济形势、企业股价和资产价格、债权债务等都要详细了解。当然，尽职调查中的宏观数据和政策等，可以委托给中介机构去完成，并要求注名调查信息来源，便利企业以后上网查用。

最后，海外投资战略准备，要研究前期同行投资的经验和教训。接受前期国企和民企投资的教训，考虑周期，做出长期战略和规划，合作投资，战略设计，目的在于振兴当地民族产业。在当地形成产业园、工业园，专业园区。

二、善于学习、借鉴跨国企业经验，形成自己的供应链、价值链

跨国公司在国际化发展过程中，积累了数百年的经验，从产业分工到内部管理，在供应链、价值链以及企业文化、内控制度等方面都做得很成功。我国企业参与全球化才刚刚开始，在文化、管理、内控机制、研发设计等方面，经验不成熟，故要不断学习国际跨国公司经验、学习中国本土跨国企业的成功经验。在发展企业集团、产业集群的同时，要进行分工、专业化协作、集成，将内部、相互间的分工外部化、链条化，并进行供应链、价值链的重新设计。大企业集团，在处理生产部门和非生产部门关系时，特别注重非生产部门的重要性和价值，要提升研发、设计、品牌和专利、管理、市场营销、售后服务、物流等网络系统的价值。根据各种成本变化，调整发展战略，必要时，将部分生产部门外部化，将非生产部门作为核心部门和主要价值、利润部门。

分工、专业化、协作和系统集成，在现代工业和技术创新中起着决定性作用。但我国企业在这方面还很欠缺，无论企业、研究机构、行业内部以及

海外投资的企业之间缺乏分工和协作，也就缺乏自己的供应链。中世纪的欧洲，早就萌发了分工思想和行为。以书籍抄写为例，公元600—1200年，欧洲大部分书籍由僧侣抄写和绘制，比如人们抄写《圣经》的纸是用山羊皮、绵羊皮或羔羊皮制作的，这种纸可以长期存放，如果需要，可以刮掉重写。随着大学兴起，书籍制作走出了修道院。书商雇佣非教士抄写员，以商业化方式制作书籍。每座大学城的抄写员都组成了行会，手稿的不同部分被分别装订，以便抄写员进行劳动分工，并让多人同时进行，书籍的产量从一年几十本提高到下数千本。地理大发现时期，西方人到东方探险，《马可·波罗游记》人手一册。工业化生产以后，分工得到了广泛运用，通过对行为动作的拆分和研究，推动了机械化、自动化、比较优势、流水线、供应链、价值链的形成。今天，没有分工，单靠一个企业进行技术的原始创新和研发，不仅投入规模巨大，耗时也很长，效果很差，如果在企业、区域、行业内部进行了分工，再发挥系统集成和收购、兼并的作用，技术的创新，就很快可以实现。

制造业走向智能化，需要在专业化、分工和零部件安装等程序、工序基础上，对动作进行拆分，然后进行自动化，再数据化、智能化，仅仅依靠传感器远远无法实行智能化流水线的生产和制造。今天运用大数据、痕迹数据技术，通过观察、分析、试验、测试等记录、档案和历史数据，寻找出冶炼、提纯、生产和制造等过程在质量、技术、精密度、误差等方面与国际的差距，进行改造和完善，可以大大缩短原始创新时间。

在先进制造领域，我国企业尚未真正形成自己的供应链，就是因为我们缺乏原始工业的分工、协作、专业化，然后影响到生产部门和非生产部门的分工，有很多核心部件的制造仍在海外。为降低成本，降低价格，提高竞争力，技术设计、研发、品牌等在本国总部，销售和网络布局海外，必要的时候，境外市场大于境内，总部也可以设在海外。

在分工、协作、专业化、系统集成、收购兼并过程中的投资，一定要注意形成供应链、价值链的分工，一定是要控股权，但一定是要链条协作、相互依赖，但链条的设计方处于主动地位，可以根据成本和价格进行产地调整。

三、要做好信用管理，提升国际信用和信誉

企业走出去，要特别注意信用建设。信用是企业的生命，国际上特别强调企业信用，尤其重视信用评级，企业一旦丧失信用，就会面临资金链断裂和资产价格暴跌的危机。从事国际业务的企业，要按照合同履行职责和要求，及时提供产品和服务，及时偿还债务本金和利息。要提升品牌效应和企业声誉、信誉，让国际客户和消费者了解本企业技术、产品、企业文化，尤其要做好售后服务。要规范经营，做到合法、合规，这是最大的信用。遵守东道国的法律、法规和政策，维护好企业信用形象，树立客户至上、终身服务客户的观念，或者让顾客成为永久的客户。这些都要形成规范有效的制度，以制度来管理人。要履行好社会可持续发展责任。今天这个时代，国际

化的企业要特别注意发布 ESG 报告，让客户和社会从多方面了解企业，一个走出去的企业，不仅仅是海外投资和贸易、工程承包，还要能够走进去，当地化、法人化，促进当地就业和居民收入增加，这是最重要的信任和信用，同时要走上去，获得当地民众的良好口碑、好评，得到当地政府的认同、政策的支持，推动其民族产业或地方产业的振兴和发展。

兰州黄河铁桥被称为"万里黄河第一桥"，由德国泰来商行在 1907 年 4 月至 1909 年 8 月建造，该企业承诺，桥梁完工之日起，保固 80 年，其间有损，泰来商行负责赔修。企业在桥墩的旁边建了一座仓库，里面准备了 80 年保固期内可能维修时所需的部件，这座仓库现在还在。80 年之后，德方依然关注这座桥的使用情况，并多次提出维修计划。2009 年德国人表示根据德国规定，任何桥梁的使用期不得超过 100 年。如果你们喜爱，德方愿意免费维修一次，作为桥梁博物馆，桥上不能走机动车辆，但可以步行。山东青岛档案馆人员在德国考察时，发现了记录青岛城市建设的原始档案——《胶澳发展备忘录》，该档案记录了 1894—1914 年青岛原德国租界建设地下管网系统的情况，设计标准为百年不淹。后来，青岛地下管网的一些接口的零部件需要更换，但老公司已经不存在，于是写信咨询，德国人告诉他们在管网接口周边 3 米内，应该有存放零部件备件的小仓库，经查果然如此，备件光亮如新。

80 年甚至 100 年的事情都为客户想到了，这样的客户观念值得学习。发达国家 100 年乃至 200 年以上的企业很多，我国百年以上的企业很少，很重要的原因在于中国企业经营观念几乎都是一锤子买卖，东西卖出去了，不想长期负责，虽然有"三包"，不少企业对于客户的投诉、退赔等也是尽量躲避，没有把客户反映的问题和需求作为技术研究、开发、创新的出发点，更没有真诚的意愿给客户建立长期的档案进行追踪服务，如此一来，随着时间的推移，企业的客户也不稳定，企业对新产品市场的未来趋势也不确定。新的技术往往依靠引进，引进新技术的企业不断诞生，老企业如果不更新技术或者更新技术慢，就难以生存。

如何与客户建立长期稳定的联络、合作关系呢？一是建立企业网站。把企业基本情况、内部构架以及准备公开的信息、联系电话等都公开出去，包括企业领导人的活动，企业的业务洽谈、合作等。让社会和消费者了解你这个企业，而不是网站长期没有新内容，情况不公开。二是把社会、客户的期待尽量公布出去。网站要把产品质量、性能、地位，质量认证情况等公开；每年投诉情况，投诉处理在哪个流程，企业对客户的内部控制和管理制度，对质量、安全产品问题的处理程序，赔偿等，也要公布出去，让客户和社会感觉到企业在构建一种新的信用，可靠、可信、有保障的信用。甚至对消费者、客户提出的合理化建议，促进质量提升的投诉，无论是内部外部的，给予奖励。尤其要善于从客户的投诉中检查产品质量、安全问题，完善和改进技术。三要以人为本，推人及己，为客户着想。要做好售后服务，永远留住你的客户，不是简单的回头客，也不是一次性交易，要真正从客户、消费者的便利需要出发来考虑问题，比如产品的零部件配备、长期维修和更换服务，尤其要安全、低成本、少维修。多年前，中国的摩托车、汽车在东南亚很流行，但后来没有了市场，这些国家的消费者大多购买日本、韩国的产品。为什么？售后服务和质量、安全没有保障。四是质量一定要追求上乘，不偷工减料。雷军在制造小米手机时，看到同仁堂的座右铭：品位虽贵必不敢减物料，炮制虽繁必不敢省人工。修合无人见，存心有天知。制造药品的原料虽然贵，但不敢减少，炮制虽然繁琐，也不能省人工。如果偷工减料，药物的效果就没有了。材料一定要真实，质量上乘，不可偷工减料。

四、注意把握周期规律

我国经济发展四十多年中，有大周期和小周期，这与我国人口规模、工业化的深入、国际化等因素关系密切。大部分企业在发展中，是顺周期的，即市场好时，价格迅速上涨，利润高速增长，奖金工资跟随增加，投资需求旺盛。周期下行时，价格暴跌来得很快，乃至出现周期性、阶段性产能过剩，企业没有积累利润进行研发。而今到海外市场发展，要根据各国经济发展阶段和竞争对手的情况，分析好周期，把握好周期变动规律。

1. 了解和把握周期规律

企业产品、技术、价格、利润、投资等寿命周期是不断变化的，在改革开放之前，一个产品的生存周期可能达到数十年，现在，很多新技术产品，维持周期 10 年都很困难，有些甚至只有 3—5 年。现在一个制度、政策要维持 10 年也很难。有候半年、一年就要改变，比如制定去产能的政策，半年一年市场就出现了巨大转变。这可能说明政策制定方法出了问题，学习的方法出了问题。

价格的上涨和价格的下跌也都有周期规律，产品生存周期也有时间范围。企业有做得好的，可以存在 100 年，甚至 200—300 年，发达国家这样的案例不少，中国相对少，这就很值得研究。

繁荣周期来时，收益和利润很好。比如船舶行业很典型，随着价格上涨，一条船造价不断提高，比如从 5000 万元提高到 1.15 亿元，利润率有 51%，有些造船企业发的奖金都很多。但是，价格下跌，行业衰退时，业务和价格急剧下跌，造船完工量从 2.5 亿载重吨到 2021 年 2800 万载重吨，钢材价格回到 2000 元 / 吨以下，石油、铁矿石等大宗产品价格腰斩，很多企业包括远洋航运企业亏损巨大，甚至导致企业灭亡，如韩国造船远洋企业破产倒闭，我们国家对困难国企是兼并重组。这说明，周期让一个行业企业繁荣兴旺，也让企业亏损灭亡，这就是企业、产品的寿命周期。

以上是市场和价格周期，还有政策周期，顺着政策走，政策利好，市场发展快，利润增加，市场扩大。但是很快，各地各政府都给予了政策，大家一起上，产能很快过剩，价格下跌，利润急剧下滑，甚至出现去产能的情况，如风电、光伏等很典型。顺着制度，一个制度对治某个问题成功了，推动了发展，如工业承包制、工资与业绩挂钩等，但是，大家都如此搞，这些东西不灵了，效应减弱，市场业绩下降，一些创新创业公司开始采用股权、股权激励等。

市场、政策、制度都有周期，投资建设和产能释放也有周期，把握周期非常重要，人们基本顺周期，不会把握周期，因此在周期中繁荣、灭亡，就如同人的生死，难以摆脱周期规律。是否可以把周期延长？把个人、企业的寿命周期延长，如何延长，这是需要研究和考虑的。

繁荣和衰退周期情况。一个周期到底有多长呢？周期有长有短，有大有小，政权、社会的周期比企业长些，企业的寿命周期有50-60年就很不错，即使是百年企业，也不能一个产品走下来，产品必须更新。产品的周期比企业要短，而技术周期往往比产品短。随着经济和社会的发展，周期的时长也在发生变化，简单地说就是逐渐缩短，甚至大大缩短，认识这一点很重要。跟不上周期的技术进步和产品更换，企业就会消失，就会灭亡。一般的周期5-7年，现在一些产品3-5年是一个周期，IT产业18个月是一个周期，如果有相对过剩周期，可能有第二次，个别行业有第三次。

但是，对于中国的制造业来说，一般就是两个周期，也就是说最多10-14年，跟不上，就落后了。为什么周期缩短？因素很多，社会资金丰富，政府鼓励，人才辈出，一个新技术新产品，一个企业能干2-3年没有第二者、第三者出现是不可能的，政府补贴、相互竞争，资本市场、银行、债券等一起助力，各地一起上，全球一起上，短期内就会相对过剩，周期就会来到。当然，还有一个现象就是替代，或者出现新的竞争者，这个替代是多方面的。替代带来的市场变化，几乎是颠覆性的。比如，我们"一带一路"战略倡议，陆地丝绸之路经济带对造船、海洋运输影响很大，造船、远洋需要研究，当然，将来无人驾驶航行又会对船舶产生新的冲击，澳大利亚铁矿石商已经开始实施了。中国经济加入全球化以后，正在逐步改变全球经济发展规律和周期，过去的产能和供求相对过剩，在中国融入全球化后，就成为绝对过剩，到第二周期是严重的绝对过剩。为什么呢？我们国家与其他国家的最大区别，是人口、企业、产能最大最多，投资投入也最多，一旦过剩，就没有相对的对象了，就是绝对过剩。一揽子应对计划很典型。带动全球产能投入，大家都投入，2–3 年产能释放，供给就过剩了，再加上中国需求下降，影响长远。

繁荣周期很短，往往 3–5 年，而萧条周期相对长，5–7 年甚至更长，这也是我们融入全球化以后的一个特征。因为我们产能最多、最大，企业最多，投资最大，当我们投资、产能过剩的时候，就没有了相对的对象，而是绝对过剩，本质是我们进入了成熟发展阶段，要有新的发展模式和借鉴制度。

因此，需要研究周期，尤其是海外投资的周期，所在国家的周期。解决周期问题，小企业是不是船小好调头？曾经有过这个阶段，在发展走向繁荣的长周期阶段，存在相对过剩，小企业好调头。但是现在阶段，这个规则根本不适用。在中国不适用。根本就没有你调头的机会，一个产能过剩的大浪，一个新技术、新销售、新的分配模式等大浪，就让企业翻船灭亡，遭受灭顶之灾。国际上，可能也是如此。

2. 切实解决周期问题

一是提前一点转变。避免周期冲击，一定要有周期观念，了解同行和企业进入的竞争情况，凡是价格、利润持续上涨，就是繁荣周期开始。一定持续 1–2 年，周期顶峰时刻即将到来，价格和利润开始稳定乃至下降。故要了解行业发展的速度、新出现的供给者、竞争对手的战略，做好市场布局。人无我有，人有我转，人转我优，人优我新。

二是把握周期规律。价格、利润和速度繁荣高潮阶段，不投资扩大产能或少量扩大，最好提前预见到，只是扩大生产增加供给，增加利润，将产能予以充分利用，工资和奖金要有所控制。周期到来时，前期积累的利润，可以用于收购兼并，而且价格非常便宜，市场回报会很高。

三是引领周期。要看到 10–30 年的变化，进行务虚研究，研究未来趋势，尤其是颠覆性技术、替代性产品和材料、产品生产技术和方式的变化等，未来在工厂一线几乎没有生产工人了，数据化、智能化、精准化是方向，等下个周期来前，自身引领周期发展，引领行业技术和产品革命。同时，也要根据企业自己的产品特征，把握周期的准确时间。引领周期发展需要的研发投入，研发的资金哪里来？靠摆脱和运用周期规律积累的利润，以及吸引的人才，用好年轻人，跨界交流，不一定有很高的工资刺激，增加研究和开发投入，准备投入下个周期的技术和产品。

四是逆周期而行或熨平周期。就是繁荣时，我不投资，我搞别的创新投资，准备新一代技术和产品，创造新的需求。萧条时，就可以不萧条，避免危机，这样的企业也不少。宏观政策有熨平周期之说，比如该下跌的时候，不下跌，甚至上涨，或者稳定。2009 年应对危机的一揽子计划，这就是政策的熨平周期。企业如何熨平周期？其实，就要解决企业当下面临的主要问题和矛盾，分析影响企业周期发展、长期发展的主要因素或因子，调节周期因子，改变周期基因，一个基因突破，产生的作用就非常巨大。华为、海尔就很典型。

人命无常，人生追求长生不老；企业无常，企业要建立百年老店。朝代无常，要研究兴衰规律。一个企业如果没有把握好周期，企业在危机来临时就消失了。一个社会的运转，如果把握不好周期，社会也会出现混乱。一个行业的管理，同样如此。所以，企业做重大规划和政策、制度建设，重大的投资和决策，既要回顾历史经验和教训，也要预见和预测未来，前顾 30 年、后瞻 30 年。当然，要结合国际国内形势，尤其是投资、贸易所在国的形势、政策而确定。

第四节　企业走出去，必须走现代化、数字化、绿色化、低碳化的发展道路

今天的企业走出去，显然不同于 10 年前，更不同于 20 年前。不可能靠传统技术和产品、设备，而是要根据最新和未来的情况去发挥，去适应。

一、要发展现代化技术

今天，技术的发展已经进入互联网、物联网、数字化、智能化、无人化、APP 化的时代，企业国际业务的发展，必须能够使用这些现代化的工具和技术，并将这些技术运用到物料采购、合同签署、生产和仓库储存、部门人员工作流程及薪酬发放、物流和售后服务、效能管理、客户管理等。要运用现代化的技术，尤其是数字化、智能化技术，进行产品和技术的研发设计、改进生产工艺流程，提高产品质量，缩小与国际同行差距，将中低端产业和产品转化为中高端和高端产业和产品。在国际化的过程中，直接使用现代化的技术和最先进的技术和设备。

现代化技术中，使用互联网和平台是企业已经重视的，但更重要的趋向是物联网，即机器设备都安装有芯片、传感器和视频监控，能够进行遥控和安装调试。笔者曾经在汕头调研，一家纸张制造企业，租赁德国造纸设备，每月付租金。有一个月，因为流动性紧张，月底没有按时付费，过了数日依然没有付费，也没有给对方作出解释。第五天，机器突然停止了运转。与对方联系，要求派人来维修。对方告知机器没有坏，是因为上月没有付租金，因此停止了。其实，光刻机的安装和软件技术升级更新等，不需要人到现场，基本是远程完成。故未来的机器设备，趋向于用物联网进行管理，这样可以节省很多成本。

二、要走数字化发展道路

数字化道路，每个企业不同，而且是必然趋势。认识得越早，越有利于国际化的发展。这里举几个数字化的实例。

青岛红领集团，用 11 年时间花费 2.6 亿元人民币研发个性化定制平台，利用大数据系统替代手工打版。根据过去 11 年 40 万套西服的制作数据，建立了一个量体数据与西服版型和尺寸的数据库。根据这些数据库，可以实行计算机 3D 自动打版。在红领集团车间，所有员工都实现了面对互联网终端进行工作，顾客只需按红领量体法采集身体 18 个部位的 22 个数据，形成专属于该顾客的版型，客户自主决定工艺、价格、服务方式。大数据制版后，信息传送到布料部门，裁布机器会自动按照订单要求准备布料。服装行业 ZARA 模式的兴起，不是定制化生产，而是利用信息化协同网络投资，按照市场需求进 "可大可小" 柔性化生产（数码印花、数控裁床、三维人体测量仪、小型染缸），用多款式、小批量、多频次的出货来降低库存风险，无人模仿。从设计到把成衣摆在柜台上出售的时间大大缩短。中国服装业的款式设计生产周期一般为 6-9 个月，国际名牌一般可到 120 天，而 ZARA 最厉害时最短只有 7 天，一般为 12 天。一年中大约推出 12000 种时装。ZARA 有近 400 名设计师，这些设计师是典型的空中飞人，他们经常坐飞机穿梭于各种时装发布会之间或者出入各种时尚场所。通常，一些顶级品牌的最新设计款式刚摆上柜台，ZARA 就会迅速发布和这些设计非常相似的时装。

美国人 Steve Bugajski 将数字化定义为自动化、智能制造、移动和高级分析[1]，利用这些来提高效率并深入了解运营、质量和客户。数字化还涉及提升人才技能、开发新能力和定义新运营模式。数字化项目案例：建大数据湖，一个业务案例上线，爆炸式增长，囊括从废料利用到预测性维护等各场景。已交付 25 个，还有 100 多个项目排队。高级分析群组用案例生成一些运营和定制报告。数据科学家和工程师开发出各种机器学习和 IT 模型。数据湖——一案例——多案例——核心数据分析团队——业务合作伙伴参与——核心团队人才素质提升。自动化案例：汽车业务部门，从机器人过程自动化（RPA）开始，每个季度有供应链合作伙伴更换，过程往往需要销售团队大量的手动操作。开发了一套 RPA 解决方案，无需销售团队手动操作就可以在数天内完成这个流程，而以前则需要数月时间。为让运营团队掌握解决方案，做卡通设计来描述 RPA 的工作原理，将这些小物料带到每个部门，播放视频展示如何使用 RPA。从一个 RPA 用例开始，演变成一个成熟的 RPA 中心，已经开发出了累计执行 40，000 个工时的解决方案。在 RPA 之上运行高级数据分析，了解哪些新解决方案将实现价值最大化。

---

[1]　美国钢铁公司 CIO：钢铁巨头的数字文化是如何炼成的？：2021.10.11. https：//new.qq.com/rain/a/20211011A0AOA400。

欧盟安米、蒂森和塔塔钢铁投入到数字化转型中[1]。安米将无人机应用于设备维护操作和能源利用情况追踪，提高设备操作安全性，减小员工安全风险，提高能效和生产效率；其在美国、加拿大和墨西哥的拼焊厂实现了完全机器人化。蒂森伊尔森堡工厂，凸轮轴钢产品能和生产制造过程'对话'，与互联网接口，每个凸轮拥有专属 ID，制造过程全部工艺流程相关信息'输入'ID，是能自我管理、学习的智能工厂。

肯德基进入中国市场以后，配置薯条的番茄酱是进口的，中粮集团向肯德基推荐自己制造的番茄酱产品，但没有被肯德基接受和认同。于是，他们把与肯德基配套的番茄酱买回，用进口的国际先进技术设备食品光谱色泽分析仪，对番茄酱的色度、酸度、盐度、甜度等成分进行检测，然后再根据人的感官体验，不断组合实验，获得了成功，得到了肯德基的认同。同时，该企业也经营茶叶，他们看到砖茶存放时间长久之后，茶面会生金花，茶叶的价格也会大大提高，运用分析仪对砖茶上金花进行数据分析，发现那是一种微生物，并掌握了微生物的制造技术，他们可以对砖茶直接配置金花，而且可以根据需要配置不同数量的金花，这就实现了饮食产品和技术的数字化、配方化、标准化、科学化。

其实，食品、饮料、酒类以及制造业都可以实现数字化，关键在于要寻

---

[1] 欧盟主要钢铁企业的数字化转型进程，有何借鉴？：2022.01.26. https：//www.sohu.com/a/519275362_313737。

找到转向数字化的路径。

三、要走绿色低碳发展道路

绿色、低碳发展是全球应对气候变化的共同要求，它要求减少和降低碳排放，不仅企业自己要减排，符合国际标准和要求，而且产业链上的企业也要做到绿色低碳。原则上，企业需要在年度的可持续发展报告或者 ESG（环境、社会责任、公司治理）报告中说明企业减排的目标和计划、行动，采取具体措施。有条件的企业，可以承诺到 2050 年实行净零排放，至少要在2060 年前实现零碳排放。尤其是要促进所在东道国的碳减排目标实现。

碳减排，除了调整能源结构，使用和发展清洁能源，还要节能降耗，尤其是要发展循环经济，延长产品使用寿命、提高产品回收利用率。阿斯麦（ASML）的一台光刻机 2 亿美元，极紫外光刻机 EUV 0.55 NA 的价格达到 4 亿美元，光刻机是半导体制造设备不可或缺的部分，其价格占设备的 25%–30% 左右。为降低客户成本，该公司进行模块化设计，用户系统升级，不必整体更换，可以就现场进行，大大延长产品使用寿命。公司销售的 94% 光刻机系统依然在客户现场使用，一台光刻机可以使用数十年。公司设定目标：2025 年将废物产生强度（生产的废物量／工业增加值）较2019 年基准年降 50%，材料回收率提高到 85%。公司专注循环采购，制定了减少、再利用和回收废旧资物的解决方案，不将废物送到焚化厂。对使用过四年，还能够进行正常工作的计算机和笔记本电脑赋予第二次生命，对有缺陷的计算机，回收后分离其再生塑料、铁、钢、铜、铝、玻璃和贵金属等，2021 年公司回收废物材料超过 30，000 公斤，比 2020 年的 24，000 公斤增加了 25%。可见，发展循环经济，在产品研发设计环节，就要提前做好准备工作。这不仅有利于低碳绿色经济发展，也有利于增加企业利润，减少资源消耗，提高能源利用效率。

积极适应国际净零碳排放要求，企业应主动减排，实行净零排放。"净零钢铁"（SteelZero）是气候组织（Climate Group）旗下倡议。"净零钢铁" 2022 年有 23 家会员，承诺最迟在 2050 年采购储存 100% 的零碳钢铁。丹麦沃旭能源公司 Ørsted 发起，会员主要来自英国、法国、加拿大、丹麦等国家。如：综合性集装箱航运物流公司 A.P. 穆勒—马士基（丹麦）；设计、工程咨询公司科进集团（加拿大）；金属建筑公司 Eiffage Métal（法国）；商业地产开发和投资公司 Landsec（英国）。会员中尚无中国公司。沃尔沃汽车承诺到 2050 年从净零供应商采购 100% 的钢材。该汽车制造商表示，2040 年实现气候中立。钢铁占全球温室气体排放量 7%-9%，沃尔沃钢铁平均占其汽车碳排放量 33%。与瑞典钢铁制造商 SSAB 合作，沃尔沃生产一辆完全由无碳钢做钢材料的展示车。通过 Hybrit 项目，打算制造几乎没有碳足迹的钢铁。

第五节　企业走出去注意规避和缓释各种风险

企业走出去不仅是机遇，也面临各种风险，尤其是与国内市场发展不同的风险，这些是需要特别注意的。企业面临的风险主要包括政治风险、政策风险、市场风险（包括生产经营、竞争、价格、利率汇率风险等）。

一、注意规避政治、政策和市场风险

政治风险往往容易被企业忽略，一些发展中国家经常出现政局动荡变化，乃至军事政变、内部战争、党派执政更替，甚至面临被外部制裁、不能进行贸易和投资的交易，企业海外投资和收购兼并尤其应予以关注。我国能源企业在委内瑞拉、伊拉克、伊朗、利比亚等国的投资教训深刻。对于不同党派，要根据当地制度，予以适当接触，防止党派之争导致的风险。

政策风险主要是政策变动和调整，一方面是党派不同，不同党派执政更替带来政策承诺、投资项目的取消，另一方面可能会遭遇国有化或项目股权变更等因素影响，我国境外矿业投资的政策风险较为突出。这方面，要加强市场分析和对当地政策的了解，尤其是加强与当地有关部门的沟通，

加强向当地研究机构和专家的咨询，企业自身要加强有关方面的信息收集和跟踪。

市场风险突出表现为价格风险，包括股价、企业资产价格。由于国外实行纯市场经济机制，其价格波动机制与国内不同，幅度往往极其巨大，超越文明的思维方法。2010年中铝入股澳大利亚力拓时，力拓的股价为137.0澳元/股，交易完成后1年，力拓的股价严重缩水，低至46.6澳元/股。不仅期货等大宗产品、股价和资产价格如此，汇率也会因种种因素大幅度波动，俄罗斯的卢布，委内瑞拉、拉美某些国家的货币因为通货膨胀，汇率会出现大幅度贬值，非洲某些国家也存在汇率剧烈波动，给企业收汇和支付带来巨大损失。

对市场风险，企业要成立研究和分析小组，研究其规律。对于大幅度贬值货币，不要急于兑换为本币或者美元，可以长期持有，并存款于当地银行，可以获得高额存款利息，其利息远远高于企业利润回报。等待时机，如汇率升值时，再结汇成为本币或者美元。如果有进口或者本地劳工支付，可以将收汇在当地使用。使用远期结售汇仅仅是规避汇率风险的一个手段，还有很多其他选择，包括进行利率置换、开设外币资金池，企业内部币种匹配和外币调剂，要尽量减少结汇、购汇，因为其汇兑成本也比较高。研究人民币汇率变动，也有利于规避汇率风险。

二、学会应对汇率风险，做到升值贬值都不亏损乃至盈利

一是本币升值情况下。本币相对某货币出现趋势性升值，可以借用贬值货币的外债，或者外汇贷款，或者境外发行外币债券等，总之要多配置外币资产。但要把握好期限，以创汇或者本币偿还。配置这些资产要注意偿还条款约束。如果是收汇，没有集团内部调剂之用，应立即结汇。但如果收汇后外币继续贬值，而且利率高，不一定结汇，可以持有，境外存放。

银行可以为企业提供帮助，提供出口押汇、保理、预收款保函等服务和产品。在进口情况下，银行可以提供：国内合同预付融资，仓储融资，开兑信用证，海外代付、垫付，各种协议付款，融付通等。企业应晚付汇，晚购汇，或者延期付汇，延期购汇。

二是本币贬值情况下。本币相对某货币趋势性贬值，出口收汇可以保留，允许对方延期付款，外汇贷款、外债要提前偿还，对外延期支付提前。贬值初期甚至可以购买一些外汇资产，待后续贬值出售，注意资金成本，尤其是比较收益和成本。现在人民币贬值，但人民币利率回报比外币高，购买外币不一定赢利。

三是贬值、升值要创新对策。贬值好吗？升值好吗？好坏是业务和资产配置结构确定，调整业务和资产负债结构可以趋利避害。除了工具对冲，也

可以业务对冲。贬值有损失，做出口、收汇、创汇业务就会有利润。升值对出口企业不利，但是一个国际化的企业，如果把工厂设立在海外，产品返销国内，这不就避免了升值的不利影响吗？可见，贬值、升值对于企业来说，都是中性的，好坏要看企业自身的应对。大公司在应对汇率波动上有优势，包括人才、信息优势，要善于从中挖掘业务，或者进行合作。同时，要研究不同币种之间的汇率趋势，分散风险。

三、学会把握利率风险

本币利率高，外币利率低。利率差距较大，应该多配置外汇资产进行使用，少使用或不使用本币资产，或者进行利率掉期；低利率的货币存在利率提升和货币升值的趋势，要注意汇率成本的影响。尤其是外债和外汇贷款要考虑期限及其汇率变化。

本币利率低，外币利率高。相当一些国家因为货币贬值，或者通货膨胀率比较高，利率也比较高，企业用本币去投资可以降低成本，也可以把本币转化为当地货币获得存款贷款收益，或者收汇后不结汇，在当地使用、存款，纯存款利率在 5% 以上，就超越了企业资金平均利润率。

注意对冲，或者锁定成本。收汇、付汇都涉及外币资产的配置，要注意对冲风险，实际是锁定汇率成本。这方面，外汇局和银行已经开放了风险对冲业务，企业可以锁定成本。需特别注意，作为企业，外汇资产配置如果不是投资增值，就不是保值，而是交易；不是避免通货膨胀，而是防止汇兑损失。

需要指出，进入低利率债务融资的时候，要注意汇率的风险。2015-2020年国际市场的美元债务利率较低，一些房地产企业在允许境外发债的背景下，大量发行5-10年债券，由于其信用等级不高，虽然美元利率较低，但这些企业发行债券的利率达到了7%-8%，再加上发行费用、担保等开支3%，实际利率达到了10%-11%，2015-2017年间对国内房地产企业来说，似乎还可以承受。但是，2018年美国对我国实行贸易冲击，人民币汇率贬值10%，房地产企业不创汇，企业实际购汇在贬值10%基础上，加2%手续费，企业的实际利息负担达到22%-23%，这对企业来说，是沉重的负担，不少房地产企业因此出现了违约。由此可见，低利率的货币进入债务融资时，要考虑偿还币种的汇率风险。反过来，如果人民币汇率升值了，企业就减轻了负担。

四、注意防范外汇资产运用风险

外汇资产运用风险除了汇率、利率、资产来源的债务风险外，运用本身也存在风险。主要表现为外汇投资和贷款的损失，最突出的一是价格风险（产品价格、股权价格、并购价格评估），二是外汇资产风险。为投资、并购，先行借入外币债务，面临长时间利息和汇率风险。海外并购、投资项目，项目审计评估和政府审批时间长，不一定立即购买外汇，或者进行外汇贷款，而是根据审计评估和政府审批进展考虑购买外汇的安排，甚至可以分期、分批进行。三是被并购企业债务、资产等数据、财务制度情况风险。比如远期外汇套期保值，德国商法下在报表外披露，中国准则需要计入财务报表，计入交易性金融资产或交易性金融负债。澳大利亚企业兼并，兼并方要向澳当局交纳印花税，它的基数是以收购目标公司股权成本为基础进行分摊的土地和动产价值，按并购日的澳大利亚计税基础计量。当地企业一般将印花税作为费用而不是收购成本。

资产运用中的风险也在于：一是对全球行业发展缺乏详细的全面了解和把握。二是对产业周期变化缺乏认真研究。三是盲目决策，缺乏研究和科学数据。四是美元投资，当地币种计价的风险。中国企业海外并购遇到最多的是汇兑损益的风险。比如美元兑澳元近年上下波动频繁，抵消中国企业的内部利润。如阿根廷 2014 年初有 20% 的通货膨胀，选择当地比索，目标公司有外债，会造成汇兑损失。收购项目自身盈利，境外汇率变动，纳入到中国企业报表，造成重大损失。五是项目投资兼并过程之后存在风险。这种风险可能是经济景气导致的，也可能是东道国经济、汇率等因素导致。六是对价格信号错判趋势，对长期风险认识不足，只考虑短期收益。很多企业做投资决策时，根本就没有考虑行业、产品周期，也没有做市场尽职调查，对自己的产能、供给和未来 5–10 年的产能投资、供给情况了解不足，缺乏超越预期的对策。当事实与预期走向完全相反，而且偏离幅度很大时，缺乏应对。

尤其是价格信号变动幅度远超预期和意料时，锁定成本规则无效。一般风险设置价格上下波动 20% 是银行风险把握和控制目标，但事实达到上下 50%，甚至更大。

五、关注其他风险

交易风险。交易经验不足，应对措施不足。对套期保值的制度、规则、风险以及与价格信号的关系，期限的选择，周期的研究等，缺乏透彻的了解和熟练运用，尤其是在国际市场，我国一些企业觉得可以影响市场，实际做不到。影响市场有时候需要实力，也需要预期把握，尤其是媒体和舆论的渲染，这些都是国际投机者经常做的，对这些东西把握不够，仅仅凭资金实力、需求实力，不足以完全影响市场价格趋势。有时候，对政府作用或者市场力量及其博弈分析不足。索罗斯在 1997 年亚洲金融危机中在香港投机，对香港政府干预市场的力度和决心估计不足，最后亏损，从此以后国际资本再也没有蓄意投机砸一个国家的汇市和股市的胆气。

综合风险。单项风险和综合风险都是经常遇到的。此外，存在折算风险。本币作为计价、结算资产，外币负债和权益对利润等有损益影响。

六、在经营管理上做文章

善用合同。把预期的汇率、利率乃至价格和成本（如工资、税等）变化与进出口商分担或共享，尤其是加入合同谈判条款。

提高谈判能力。了解对手，了解对方的市场价格和收益，进口要了解对方的成本。一对一交易，一对多了解。区分老客户、新客户，在汇率升值情况下，对老客户正常情况下提高 2%–3% 的价格完全可以。因为企业更换长期客户，要做市场尽职调查，消费者对不同产品的质地、性能、爱好也不一样，企业甚至要更换授信银行。这些对企业来说，都是成本。更何况，国外进口商，在国内出售中国产品价格是进口价的 5–6 倍。因此，提高汇率，不过是让国外进口商稍稍降低了一点利润，他们具有承受能力。

一切确定，价格特殊。在汇率升值的情况下，还可以采取一种方式，产品的一切都确定，如交货时间、地点、质量、款式等一切确定，价格另行协商方式确定，比如价格根据 3 个月平均价格确定，也可以是半年，或者一个月一确定。部分付款，后期补退或结清。以人民币或稳定货币标价计价，结算按照到期汇兑价格。如对欧元趋势把握不大，但欧洲市场很好，可以小批量接订单，根据汇率变化调整定价。

采取多种可结算货币计价和结算，注意期限和结构匹配。对于外汇，企业要权衡保留外汇与运用外汇的损益比较，综合运用好外汇资产和负债。注意贸易融资方式的选择和转换，注意外汇综合理财和人民币理财的结合。

利用外汇管理政策减少汇兑损失。外汇资金的集中管理。对于集团公司企业，可以通过银行、财务公司委托放款或设立外汇资金池，在境内进行资金归集，减少结汇购汇的成本；为境外企业资金使用提供便利，开设境内外资金归集账户，进行委托放款和资金跨境流动。有财务公司的大企业集团可以考虑申请结售汇资格和非银行金融机构银行间市场会员资格，进行资金的集中管理。

有海外分支机构的企业，可以海外借用外债，外管部门已经不需要审批，而是登记备案，控制额度。各种外汇政策工具要使用，如远期购汇、远期结汇、外汇期权。扩大人民币计价、结算和投资。

七、根本在于提高竞争力

汇率在企业总体成本中原则上不太高，因此，对于汇率5%-10%的波动，企业如果都无法适应，就意味着企业不适合做贸易，企业的综合竞争力不够。因此，企业要重点提高核心竞争力，提高产品附加价值、技术专利，增加创新；加强内部管理，挖掘潜力降低成本，避免决策失误和投资浪费。

要科学分析形势变化，不能完全搞反。

（此章节发表于《中国民商》2024 年第 2 期，作者章晓洪、张少龙、陈炳才，由张天宇整理加工而成。）

宏伟愿景

Chinese Modernization
and the Healthy Development of the Private Economy

第六章
民营经济健康发展与推进共同富裕

共同富裕是中国式现代化的重要特征之一，是中华民族自古以来的基本理想。实现共同富裕是一项系统工程，需要通过方方面面的战略、政策，正确处理效率和公平的关系，促进社会公平正义，提高发展的平衡性、协调性、包容性，在高质量发展中加以推进。实现共同富裕必须调动各方面创新发展的积极性、主动性。

第一节　共同富裕的内涵与实现路径

党的十九届五中全会科学研判国际国内形势和我国发展条件，对全面建成小康社会之后我国全面建设社会主义现代化国家新征程作出了重大部署，提出到 2035 年"全体人民共同富裕取得更为明显的实质性进展"的目标。这在党领导全国人民团结奋斗的历史上具有重要的里程碑意义。

一、实现共同富裕是现代化新征程内在而紧迫的要求

党的二十大站在新的历史起点，擘画了到本世纪中叶把我国建成富强民主文明和谐美丽的社会主义现代化强国的宏伟蓝图。共同富裕既是顺利推进现代化进程的内在要求，也将成为中国特色社会主义现代化的鲜明特征。

（一）共同富裕是新时代解决我国社会主要矛盾的重要抓手

中国特色社会主义进入新时代，我国社会的主要矛盾已经转化为人民日益增长的美好生活需要和不平衡不充分的发展之间的矛盾。共同富裕是人民对美好生活需要的重要内容。我国仍处于社会主义初级阶段，发展不平衡不充分问题尚未从根本上解决，中等收入群体比重不高，城乡区域发展差距、人群间收入分配差距较大（李实等，2018；杨修娜等，2018），民生保障存在短板。在全面建成小康社会的目标实现之后，鲜明地提出共同富裕的接续奋斗目标，既能更加充分地解放和发展生产力，也将更有效、更直接地回应人民群众关切、满足人民对美好生活的需要。在新时代现代化建设征程中，围绕共同富裕目标推进各项工作，将带动实现更加平衡、更加充分的发展，

从而更好地解决新时代社会的主要矛盾。

（二）共同富裕是中国特色社会主义现代化的鲜明特征

"共同富裕是社会主义的本质要求，是人民群众的共同期盼。我们推动经济社会发展，归根结底是要实现全体人民共同富裕。"为人民谋幸福是党的初心，共同富裕是党对全体人民的庄严承诺，是中国特色社会主义现代化区别于资本主义现代化的鲜明特征。确立共同富裕的目标，把促进全体人民共同富裕摆在更加突出的位置，将明确地昭示我们所要建设的现代化是全体人民共同富裕的现代化，将更有力地凝聚全体中国人民团结奋斗。我国人口规模巨大，14亿人口实现以共同富裕为鲜明特征的现代化，既会彻底改写现代化的世界版图，也将彰显中国特色社会主义制度的优越性，在人类历史上产生深远影响。

（三）共同富裕是党巩固执政地位、提高执政能力，带领人民顺利推进现代化进程的内在要求

中华民族伟大复兴绝不是轻轻松松、敲锣打鼓就能实现的。党领导人民取得了全面建成小康社会的伟大成就，但要在百年未有的大变局中实现民族复兴大局，仍需迎接新的挑战。国际经验表明，贫富差距过大时不仅经济循环不畅，而且会导致社会动荡不安。环顾当今世界，不少发达资本主义国家面临着因为贫富差距拉大、社会阶层进一步固化而带来的尖锐社会矛盾

（Piketty，2014），社会内部严重分化、分裂，甚至走向对立、动荡，民粹主义、民族主义抬头。二战之后极少数相对顺利地从低收入或中等收入进入到高收入行列的经济体，其重要的共同点是都在追赶进程中把贫富差距控制在一定范围内；而长期陷于低收入陷阱的和中等收入陷阱的经济体，大多数贫富差距很大。我国发展实践也证明，发展起来后的问题一点也不比不发展的时候少。能否实现共同富裕，既是对党的执政能力的新考验，也是判断世界各国治理能力和制度优势的重要标准。"实现共同富裕不仅是经济问题，而且是关系党的执政基础的重大政治问题。"今后必须借鉴正反两方面的经验教训，有效地提升党的执政能力，有力地推动共同富裕，才能巩固党的执政地位，顺利推进现代化进程。

二、共同富裕实质是全体人民共创共享日益美好的生活

共同富裕实质是在中国特色社会主义制度保障下，全体人民共创日益发达、领先世界的生产力水平，共享日益幸福而美好的生活。具体内涵可以从政治、经济和社会三个层面加以把握。

（一）政治内涵：国强民共富的社会主义社会契约

人民选择了党，历史造就了党，党领导人民取得了全面建成小康社会的伟大功绩。面向未来，党必须带领人民实现国家现代化和共同富裕，创造新

的历史伟绩。

1. 共同富裕是党的初心，是党对人民的庄严承诺，是党带领全体人民沿着中国特色社会主义道路团结奋斗的旗帜

"共同富裕，是马克思主义的一个基本目标，也是自古以来我国人民的一个基本理想。"中国共产党的初心和使命，就是为人民谋幸福，为民族谋复兴。毛泽东从参与领导土地革命到新中国成立后，一直在理论和实践上探索共同富裕的道路。邓小平指出"社会主义的本质，是解放生产力，发展生产力，消灭剥削，消除两极分化，最终达到共同富裕。"江泽民指出"实现共同富裕是社会主义的根本原则和本质特征，绝不能动摇。"胡锦涛指出要"走共同富裕道路，促进人的全面发展，做到发展为了人民、发展依靠人民、发展成果由人民共享"。

党的十八大以来，习近平提出以人民为中心的发展思想和新发展理念，明确强调"共同富裕是中国特色社会主义的根本原则"，实现共同富裕"是关系党的执政基础的重大政治问题"。

我们坚持走中国特色社会主义发展道路，坚持以人民为中心的发展思想，坚持人民至上，坚持发展为了人民、发展依靠人民、发展成果由人民共享。新时代现代化建设新征程中所着力推进的共同富裕，将充分激发全体人民的能动性和创造力，创造出日益发达、领先世界的生产力水平，并能让全体人民共享发展带来的幸福而美好的生活。这样的美好前景将鼓舞全体人民，凝聚起现代化建设的磅礴力量。

2. 国强民共富，从政治哲学角度看，就是与资本主义社会契约相对应的中国特色社会主义社会契约

社会制度的正当性、生命力、竞争力，根本上取决于其能否充分解放生产力、发展生产力、提升综合国力，能否让全体人民共同过上美好生活，实现社会公平正义。

启蒙运动时代的政治哲学以"社会契约"论取代君权神授论，为资产阶级的民主共和国提供了合法性论证。但是，恩格斯富有远见地指出，启蒙时代的"18世纪伟大的思想家们，也同他们的一切先驱者一样，没有能够超出他们自己的时代使他们受到的限制"。尽管一些资本主义国家的确创造了发达的生产力，但能够平等地享受这些发展成果的，主要是资产阶级和社会精英群体，而且近年来呈现出金字塔塔尖更小、中产阶级萎缩的趋势。只是出于维护资产阶级统治或延缓资本主义经济危机的需要，资本主义国家才通过提供社会保障以及转移支付体系，让社会大众分享一定的发展成果。

与资本主义的社会契约论相对照，马克思和恩格斯在《共产党宣言》中提出了"自由人的联合体"思想，并设想共产主义社会将彻底消除阶级之间、城乡之间、脑力劳动和体力劳动之间的对立和差别，实行各尽所能、按需分配，实现每个人自由而全面的发展。基于唯物史观而发展起来的科学社会主义，指明了解放和发展生产力、最终实现人的自由全面发展的正确道路。马克思曾设想：在新的社会制度中，"社会生产力的发展将如此迅速，以致尽管生产将以所有的人富裕为目的，所有的人的可以自由支配的时间还是会增加。"恩格斯也曾设想：在社会主义社会，"通过社会生产，不仅可能保证一切社会成员有富足的和一天比一天充裕的物质生活，而且还可能保证他们的体力和智力获得充分的自由的发展和运用。"

在马克思主义指引下，党带领人民不断探索奋斗，于民族独立后较短时间内，在提高社会生产力水平、国家综合实力和促进人的全面发展方面，都取得了堪称奇迹的成就。尽管如此，当今发达资本主义国家中不少人却以资本主义的社会契约论为依据，或出于因社会制度和意识形态差异而产生的偏见，或基于对我国的片面偏颇的观察，罔顾我国发展成就，给我国发展道路贴上诸如"国家资本主义"、"权贵资本主义"的标签。

在不同社会制度的意识形态竞争的大背景下，旗帜鲜明地提出在推动国家富强、民族复兴、社会生产力进一步提高的过程中，实现全体人民共同富裕，充分展示中国特色社会主义制度的优越性，将更有力地昭示中国特色社会主义制度的根本理念，也将成为向全世界讲好中国故事的更加有力的底层逻辑和更加生动的叙事方式。

（二）经济内涵：人民共创共享日益丰富的物质财富和精神成果

1.共同富裕以中国特色社会主义基本经济制度为保障，是基本经济制度的自然逻辑延伸

公有制为主体、多种所有制经济共同发展，按劳分配为主体、多种分配

方式并存，社会主义市场经济体制等社会主义基本经济制度，既有利于激发各类市场主体活力、解放和发展社会生产力，又有利于促进效率和公平有机统一、不断实现共同富裕。

2. 共同富裕建立在不断发展的生产力、不断增强的综合国力基础上

进步较慢的甚至停滞的生产力，无法支撑新时代面向现代化的共同富裕。新时代的共同富裕，不仅意味着纵向比较意义上的生产力进步，还意味着横向比较意义上较之资本主义国家更快的生产力进步，以满足人民群众对美好生活的日益提高、丰富和多样化的需求。

3. 共同富裕是全体人民的共同富裕、共享发展成果、共同过上幸福美好的生活

共同富裕是全体人民的共同富裕、共享发展成果、共同过上幸福美好的生活，而不仅仅是一部分人和一部分地区富裕、享有大部分发展成果和享受美好生活。这首先意味着生活水平差距不能过大，全体人民享受同等的基本公共服务，不能形成贫富严重分化、阶层固化的局面。但共同富裕也不意味着同等程度的富裕，不意味着生活水平差距越小越好，更不意味着平均主义，而是生活水平差距介于适度范围内，并与对社会所作的贡献相关联。

具体来讲，在社会主义初级阶段，一是要让守法经营和富有创新创业成效者过上富足生活，让诚实劳动者过上富裕生活，进入中等收入阶层，让低人力资本水平者或失能者以及创业创新受挫者过上殷实而体面的生活，各阶层生活水平都随着发展阶段提升而不断提高。二是要形成城乡协调发展格局，城乡人民生活水平差距保持在适度范围内。三是要形成区域协调发展格局，区域间生活水平差距保持在适度范围内。四是要形成社会阶层和职业人群协调发展格局，不同社会阶层和不同职业行业就业人群生活水平差距保持在适度范围内。

4. 共同富裕意味着多维综合的幸福生活和人的全面发展

共同富裕的基础是物质生活的富裕，但也包括精神的自信自立自强，还包括环境的宜居宜业，社会的和谐和睦，公共服务的普及普惠，文化产品的丰富共享。多维度的幸福生活为每个人的全面发展创造良好条件。

5. 共同富裕是高质量发展状态和过程的统一，是当前和长远、阶段性目标和长远目标的统一

作为一个状态，共同富裕意味着一定时期社会大多数人的生活水平要达到中等收入乃至富裕的水平，最低收入者的生活水平要有底限要求。作为一个围绕解决好新时代社会主要矛盾而持续进行的螺旋式上升的发展过程，共同富裕意味着包括最低收入者在内的社会各阶层的生活水平都要随着发展阶段的提升而相应提升，但也要与所处发展阶段相适应而不能超出社会支撑能力。

（三）社会内涵：中等收入阶层在数量上占主体的和谐而稳定的社会结构

共同富裕意味着中等收入阶层在数量上占主体。这是一种和谐而稳定的橄榄形社会结构，大部分人口有体面、稳定、高质量的就业，有较高的收入和消费水平，享有良好的社会保障。城乡区域差距基本消失，人口流动基本上限于一定比例的更换就业岗位者，不再有大比例人口常态化地异地迁徙和流动。

（四）新时代共同富裕的美好愿景

新时代共同富裕承载着全体人民幸福美好生活的新期盼。在全面建设社会主义现代化新征程中，必须更加积极有为地促进共同富裕，实现新时代共同富裕的美好愿景。

——创富新格局。人人享有平等参与、平等发展权利，财产权利得到公平充分保障；人人拥有人生出彩、实现梦想的机会。

——富裕新生活。人人得到全面发展有尊严，人人享有幸福安康、从容安定的生活，社会文明程度达到新高度。

——共享新局面。守法经营和富有创新创业成效者过上富足生活，高绩效的劳动者过上富裕生活，低人力资本水平者或失能者以及创业创新受挫者过上殷实生活，人人享有均等的基本公共服务，城乡区域人群间收入水平、生活水平差距持续保持在适度范围。

——乐富新氛围。人人放心拥有合法财富、安心持有合法财富，家庭家族财富代际传承流转良好、有序，人人乐掌财富、乐享富裕。

三、以更平衡更充分的高质量发展实现共同富裕

全体人民共创共享日益美好的生活，实现共同富裕，必须围绕解决好发展的不平衡不充分问题，以让全体人民公平积累人力资本、公平获得共创共建的参与机会、公平地共享发展成果为主要思路，以壮大中等收入群体、提高中等收入群体富裕程度为主要入手点，在高质量发展进程中，持续提高人均收入水平、缩小收入差距，推动各地区共同发展、缩小区域差距，推动城乡共同发展、缩小城乡差距，进而实现全民共富、全面富裕、共建共富、逐渐共富。

（一）以壮大中等收入群体为主要突破口推动人民共富、缩小生活水平差距

国内外的经验教训表明，在发展步伐较慢甚至不发展的条件下，单纯通过再分配缩小人群间收入差距，只会挫伤创造社会财富的积极性，最终导致共同贫穷。所以，要在生产力和平均收入水平普遍而持续提升的同时形成合理的分配关系，兼顾好"保障最底层、提低扩中层、激励较高层"的需要，从而可持续地缩小人群间生活水平差距和发展差距。

1. 从让人民公平积累人力资本、公平参与共创共建入手，壮大中等收入群体规模、提升中等收入群体富裕程度

中等收入群体是共同富裕的"基本盘"。壮大中等收入群体，既需要继续提高现有中等收入阶层的富裕程度，更需要推动大量低收入阶层跻身中等收入阶层并继续提高富裕程度。这可以概括为"提低扩中层"。

"提低扩中层"涉及面极广，不可能依靠大力度的再分配手段实现，而应该按照下面的总体思路加以实现：以体制改革的深化激励创新创业，构建兼顾效率与公平的初次分配格局；以法治建设的强化稳定投资和财富保有预期，切断非法收入来源；以政策体系的优化高效而精准地保障低收入群体生活水平。

具体来讲有三条基本路径。第一，通过政府的补贴和帮扶，切实提高低收入阶层的人力资本水平，尤其是其子女的人力资本水平。要面向未来，以足够的战略耐心，全面贯彻预分配（predistribution）理念，以强有力的公共服务保证低收入和贫困阶层的子女从生命周期开始阶段就获得良好的营养和认知能力，为积累全生命周期参与现代化建设的人力资本打下坚实基础，从而阻断低人力资本状况的代际传递和恶性循环（Heckman，2012）。这是投入少、扭曲小、效果久的转移支付手段。

第二，提高社会流动性，打破垄断、消除壁垒，加快推进要素市场化配置，实现人的充分流动，进而形成人人参与、人人尽力、人尽其才、各得其所的局面，最大程度激活人这一生产力中最活跃要素，让大部分人通过自身努力进入中等收入行列，并不断提升生活水平和富裕程度。

第三，加快完善初次分配调节机制，健全工资决定和正常增长机制，完善企业工资集体协商制度，强化工资收入支付保障制度，遏制以牺牲劳动者利益为代价的恶性竞争，增加劳动者特别是一线劳动者的劳动报酬，提高劳动报酬在初次分配中的比重。

2. 从强化法治建设和产权保护入手，激励高收入阶层进一步发展并带动"提低扩中层"

无论是"提低扩中层"，还是提升国民总体富裕水平和我国的产业与技术水平，都离不开更多的高质量就业机会、更多的投资、更多的研发投入。这些在很大程度上离不开高收入阶层的进一步发展和其自身富裕程度的进一步提升。

激励高收入阶层进一步发展、提升其富裕程度，首先需要强化法治建设，核心是加强加快完善产权制度，稳定投入、生产、创新和经营活动的预期和安全感。要以公平为核心原则，依法保护各种所有制经济产权和合法利益，依法保护各种所有制经济组织和自然人财产权。公有制经济财产权不可侵犯，非公有制经济财产权同样不可侵犯。同时，要充分发挥知识产权对科技创新和成果转化的长期激励作用，建立健全数据权属与流转交易的规则和制度。

第二，健全各类生产要素参与分配机制。强化要素由市场评价贡献、按贡献决定报酬，特别是创新创业活动报酬的机制，全面激励创业创新，充分激发高端要素活力并引导这些要素投入于前沿性技术和新兴产业的发展当中，以创新创业带动就业、促进就业。

第三，健全公职人员财产申报制度，坚决切断通过各种违法违规方式获得的高收入；开展全球税收协调，根据国际比较确定合理的高收入阶层边际税率，以凝聚和吸引高收入阶层的财富留在国内投资创富。

3. 从增加公共服务投入、提高公共服务效率入手，更好保障最底层的生活水平

保障最底层，让创业创新失败者、最低收入阶层、遭遇各种重大不幸冲击以至于难以维持正常生活者、丧失劳动能力者过上殷实而体面的生活，是共同富裕的底线要求，也是共同富裕最显著的标志。需要转变政府职能，减少政府收入用于资本性项目的比例，增加公共服务和民生方面的投入。健全分层分类的社会救助体系，完善帮扶残疾人、孤儿等的社会福利制度。大幅减轻困难家庭在医疗、住房、教育、育幼、养老等方面的支出负担。

其次，要创新供给方式，增加公共服务供给主体，通过多主体竞争有效降低公共服务和民生项目成本，全面提高服务供给方便可及水平，让发展成果更多更公平惠及全体人民。

第三，充分发挥社会财富和社会力量在三次分配方面的作用，落实慈善捐赠的相关优惠政策，培育发展慈善组织，加快发展慈善等社会公益事业。

第四，在名义税负中性前提下，优化税制结构，降低对收入、财产、投资、经营活动的税收，增加对影响普惠公共产品如环境的活动税收，在促进

其外部性内部化的同时，将所筹集的收入用于转移支付。这既可以促进这类普惠公共产品的供给，也可以强化税收体系对资源优化配置的引导，还可以提高低收入群体的受益程度。

（二）在高质量城镇化和乡村振兴中推动城乡共同发展、缩小城乡差距

我国城镇化率将在未来现代化进程中继续提升，这是现代化的基本规律使然。在这个过程中实现共同富裕，必须提高城镇化质量，特别是要在转移人口融入常住地方面有大的突破。这不仅是缩小城乡差距的根本举措，也是缩小区域发展差距的重要方面。因为以省（直辖市、自治区）为单位衡量的发展差距，要小于以城市为单位衡量的发展差距。因此，未来城乡差距的缩小过程和区域差距的缩小过程，在很大程度上将统一于以转移人口融入常住地为核心的高质量城镇化进程中，推动高质量城镇化也将同步缩小区域差距。在此基础上，实现共同富裕还需推动乡村振兴，使得留在农村的人口享受到和城镇人口大体相当的生活水平。

1. 构建符合现代化基本规律的国土开发和人口分布相协调的格局

发挥市场对人力资源区域配置的决定性作用，尊重产业集聚发展规律，尊重流动就业人口的自主选择，壮大京津冀、长三角、珠三角、西南沿海地区等大江大河三角洲的城市群，和中西部地区的长江中游、成渝、关中平原等城市群。在其他条件相对适合的中西部地区适当发展点状的中心城市并带

动周边城镇发展，形成点状分布的、有相当单体规模的都市圈。

2. 从促进流动就业人口融入常住地入手，提高城镇化质量

全面放宽城市落户条件，完善配套政策，打破阻碍劳动力在城乡间流动的不合理壁垒。将包括公共住房在内的基本公共服务覆盖面扩大到全部城镇常住人口。形成鼓励城镇接纳外来人口的财政收入来源结构。建设用地指标、上级政府转移支付等向大中城市集中，并且和常住人口规模挂钩，果断扭转一些人口流出城市和城镇因盲目决策造成的住房空置和土地浪费。

3. 从深化农村经济体制改革特别是土地制度改革入手，推动乡村振兴，提高农村居民财富保有量和财产性收入

加快建立城乡统一的建设用地市场，进一步改革和完善承包地所有权、承包权、经营权三权分置制度。通过农村土地制度改革推动农民财富变现和增值。在农村人口适度向中心集镇集聚的条件下改善农村基础设施和公共服务，同时提高农村一、三产业的劳动生产率。

（三）在人口充分流动中推动各地区协调发展、缩小区域差距

我国各地自然禀赋和区位条件差距之大，是全球唯一的。这也决定了我国的区域协调发展，是一个世界级难题。解决好这一问题，不仅是共同富裕的要求，也是国家治理能力和治理体系现代化的重要标志。倘若主要依靠人口小幅度跨地区流动、让各地人口在本地发展，那么要实现区域间协调发展，并让区域间人口享有大体相当的生活水平，就必须实施大力度的跨地区

转移支付。另一种更加可行的路径是在继续鼓励促进东部沿海地区和其他具备条件的地区快速发展的同时，让这些地区集聚更多人口，在人口充分流动中实现区域协调发展、缩小区域间生活水平差距，促进区域间的文化交流和包容。

1. 从便利人口跨地区流动和融入入手，形成国土开发强度和人口承载量相匹配的空间格局，缩小区域间生活水平差距

第一，继续鼓励和促进沿海地区快速发展，并接纳更多流入人口，为他们提供同等的基本公共服务。

第二，推动广大中西部地区具备产业集聚条件的地方，以发展大中城市为主集聚本地人口，实现工业化，提升本地发展水平。同时也降低公共服务提供成本，减轻广大国土空间上的人口承载压力。

第三，促进区域间要素自由流动。实施全国统一的市场准入负面清单制度，以加快构建以国内大循环为主体，国际国内双循环相互促进的新发展格局为重要契机，消除歧视性、隐蔽性的区域市场准入限制。深入实施公平竞争审查制度，消除区域市场壁垒，打破行政性垄断，清理和废除妨碍统一市场和公平竞争的各种规定和做法，进一步优化营商环境，激发市场活力。

2. 从实现生态环境要素等价交换入手，保障相对落后地区人口的生活水平

贯彻绿水青山就是金山银山的重要理念和山水林田湖草是生命共同体的系统思想，改变"对生态环境保护地进行补偿"的理念，确立以生态环境要素为标的的等价交换机制。按照区域人口公平分配发展所需的生态环境权益，并建立横向交易机制，促进广大中西部地区通过发展绿色产业和碳汇产业实现自我发展。

3. 从改善转移支付和对口帮扶入手，保障相对落后地区人口的生活水平

第一，建立区域均衡的财政转移支付制度。根据地区间财力差异状况，调整完善中央对地方一般性转移支付办法，加大均衡性转移支付力度，在充分考虑地区间支出成本因素、切实增强中西部地区自我发展能力的基础上，将常住人口人均财政支出差异控制在合理区间。

第二，提高基本公共服务均等化水平，加快补齐基本公共服务短板，推动城乡区域基本公共服务制度统一、质量水平有效衔接，建立健全基本公共服务标准体系，推动标准水平城乡区域间衔接平衡。推动基本公共服务提供主体多元化、提供方式多样化。

第三，完善东西部结对帮扶关系，拓展帮扶领域，健全帮扶机制，优化帮扶方式，加强产业合作、资源互补、劳务对接、人才交流。

第二节　科学构建共同富裕的测度指标体系

基于上述关于共同富裕内涵和实现路径的分析，下面提出一些关于度量指标体系的原则性考虑。

一、构建共同富裕度量指标体系的若干原则

第一，必须对总体富裕程度和发展成果共享状况同时加以度量。新时代的共同富裕，不是共同分配固定的蛋糕，更不是共同贫穷，而是建立在不断发展生产力、不断增强综合国力的基础上。因此，共同富裕的指标体系必须对做大蛋糕和合理分配蛋糕两方面的情况同时加以度量，而不能仅仅度量后一方面，成为无源之水、无本之木。

第二，需要对共同富裕实现过程和实现程度都加以度量。新时代共同富裕是状态与过程的统一。共同富裕作为一个状态，意味着一定阶段一定时期有底限的目标要求。共同富裕作为一个持续进行的螺旋式上升的发展过程，也意味着底限目标要随着发展阶段提升而相应提升，各阶层生活水平都随着发展阶段提升而不断提高，但也不能确立超越发展阶段的过高目标。

第三，要引导缩小差距但不能搞平均主义。共同富裕首先意味着富裕水平差距不能过大，但也不是富裕水平差距越小越好，更不是同等程度的富裕、平均主义，而是生活水平差距介于适度范围内。因此，许多衡量指标不应该单向度追求越小越好，而应该设定为一个范围值。

第四，精心构造发展成果共享程度的度量指标。基尼系数、最高最低

的比值或差距，是常用的收入差距衡量指标，很大程度上能反映出发展成果共享程度，但准确、全面衡量收入差距，需要一些补充性指标。比如，从后文附录的一个示意性例子可见，同样的基尼系数可以对应于很不相同的具体收入分配格局。不难想象，最高最低之比的指标同样存在类似问题。因此，构建共同富裕测度指标时，要抓住共同富裕目标的阶段性任务和重点，以最高最低之比、基尼系数等为基础，辅之以其他指标。综合考虑指标的合理性和操作的简便性，我们认为，较之基尼系数、最大最小比等传统指标，中位水平本身的高低以及中位与最低水平之比这两种指标，能更好地体现前面提出的兼顾"保障最底层、提低扩中层、激励较高层"的导向。

第五，根据指标性质选择合适的度量方式和量纲。货币度量指标要根据不同地域和不同时间进行物价调整，还要考虑不同商品和服务对生活水平和生活品质的不同影响程度。既要以货币指标度量，也要辅之以实物指标度量。度量公共服务水平差距时，既要考虑投入端差距，也要考虑产出端和实际效果的差别，并更加注重后者。

第六，指标体系不宜逐项层层分解。层层分解指标是推动指标实现的重要途径，也是我国治理体系的一个显著特点和优势。但围绕共同富裕提出的国家层面的指标体系，不宜逐项简单地层层分解。因为从数学原理上讲，全国层面的指标是各区域指标的加权（权重系数往往是各地区人口）平均，按照期初权重系数结构分解的指标，到期末时即使各区域都实现了期初分解的目标，但由于权重系数结构的变化，全国加总之后也仍然可能完不成或超额完成预期指标。

各地尤其是发展相对滞后的地方也不宜提出"到某某时间点同步达到届时全国平均水平"的目标。这种做法在数学上的悖谬之处在于，届时全国平均水平会因为各地届时实际水平变化而相应变化，发展相对滞后的地区届时实际上无法达到全国平均水平。

二、指标体系框架

指标体系框架包含总体富裕程度和发展成果共享程度两个维度。

1.总体富裕程度的度量指标

可以用以下四方面指标加以度量。一是人均国民收入绝对水平和相对于发达国家的水平；二是人均财富保有量水平和相对于发达国家的水平；三是人均物质财富保有量和相对于发达国家的水平；四是全员劳动生产率水平和相对于发达国家的水平。设置这些指标的主要考虑是，总体富裕水平和生产力水平的提升是实现共同富裕的基础。显然，这些指标值越高，则总体富裕程度越高。

作为总体富裕程度的主要且直观的度量指标，这些指标中大部分适宜用货币衡量，也有的适宜用实物指标衡量，比如各种基础设施保有量、住房、医院床位、学校学位数、森林蓄积量等。

2.发展成果共享程度的度量指标

可以用如下三个子维度加以度量。

第一，人群差距。首先需要考虑的度量指标包括初次分配中劳动者报酬占比、中等收入群体占总人口比重、中等收入群体平均收入水平、全体人口可支配收入和人均财富保有量基尼系数、全体人口可支配收入和人均财富保有量中位数与最低数比值、中等收入群体收入中位数与低收入群体收入中位数的比值。这几项指标可以较全面地反映发展成果的共享程度。无论从理论上看，还是从广泛的国内外经验看，这些指标并不是单向度地越高（或越低）越好，而应该介于一定的范围内。这些指标中，中等收入群体应该通过收入水平的下限和上限加以界定，且上下限应该随着发展阶段提升而相应提升。

其次需要考虑的指标包括贫困家庭收入保障水平、中低收入和贫困家庭母婴发展保障水平。设置这两项指标旨在保证全体人民拥有参与现代化的人力资本，是共同富裕的显著标志，指标值越高越好。

第二，区域差距。首先需要考虑的指标包括地区间人均可支配收入和人均财富差距、物价调整后地区间人均基本公共服务支出差距。共同富裕要求这些指标的差距不能太大，但也并非越小越好，而应该介于一定范围之内。

其次需要考虑的指标包括物价调整后地区间基本公共服务绩效差距、地区间人口预期寿命差距。幼有所育、学有所教、病有所医、老有所养、弱有所扶、终有所安应当作为基本公共服务的内容。从基本公共服务均等化角度出发，并考虑到人口预期寿命是生活水平的最集中的反映，这两项指标值越小越好。

第三，城乡差距。首先需要考虑的指标包括城乡间人均可支配收入和人均财富差距、物价调整后城乡间人均基本公共服务支出之比。共同富裕要求这些指标的差距不能太大，但也并非越小越好，而应该介于一定范围之内。

其次需要考虑的指标包括物价调整后城乡基本公共服务绩效差距、城乡人口预期寿命差距。从基本公共服务均等化角度出发，并考虑到人口预期寿命是生活水平的最集中的反映，这两项指标值越小越好。

具体的指标体系设想如下表 6-1 所示。

表 6-1 共同富裕的测度指标体系

维度	子维度	具体指标	指标性质
总体富裕程度		人均国民收入水平（绝对数）、相对于发达国家的水平（%）	单向度越高越好
		人均财富水平（绝对数）、相对于发达国家的水平（%）	
		人均物质财富（住房面积、医疗床位、学校学位、基础设施、自然资源）保有量、相对于发达国家的水平（%）	
		全员劳动生产率（绝对数）、相对于发达国家的水平（%）	

续表 6-1

维度	子维度	具体指标	指标性质
发展成果共享程度	人群差距	初次分配中劳动者报酬占比（%）	范围指标 取值介于一定范围
		中等收入群体占总人口比重（%）	
		中等收入群体平均收入水平（绝对量）	
		全体人口可支配收入和人均财富保有量基尼系数、中位数与最低数之比	
		中等收入与低收入群体收入中位数比值	
		贫困家庭收入保障水平	单向度越高越好
		中低收入和贫困家庭母婴发展保障水平	
	区域差距	地区间人均可支配收入和人均财富差距（最高最低比、变异系数、中位数与最低数之比）	范围指标
		物价调整后地区间人均基本公共服务支出差距（最高最低比、变异系数、中位数与最低数之比）	
		物价调整后地区间基本公共服务绩效（升学率、疾病治愈率等）差距（最高最低比、变异系数、中位数与最低数之比）	单向度越低越好
		地区间人口预期寿命差距（最高最低比、变异系数、中位数与最低数之比）	
	城乡差距	城乡人均可支配收入和人均财富差距	范围指标
		物价调整后城乡人均基本公共服务支出之比	
		物价调整后城乡基本公共服务绩效（升学率、疾病治愈率等）差距	单向度越低越好
		城乡人口预期寿命差距	

三、新时代共同富裕的分阶段奋斗目标

党的十九大对实现第二个百年奋斗目标作出"两步走"安排。十九届五中全会进一步展望了基本实现现代化远景目标，提出了新的更高要求。其中，到 2035 年人均国内生产总值达到中等发达国家水平，意味着我国将成功跨越中等收入阶段，并在高收入阶段继续向前迈进一大步。按此初步测算，实现这一目标，2035 年的经济总量和人均量需要在 2020 年基础上翻一番及以上。基于这些战略目标，可以明确新时代共同富裕的如下分阶段目标。

第一，到 2025 年的总体目标是：促进共同富裕的体制机制初步建立，全体人民共同富裕迈出坚实步伐。具体目标如下：

——全民富裕生活迈上新台阶。就业更加充分更高质量，人民生活更加富裕，民生福祉达到新水平，城乡人居环境显著改善，人均预期寿命继续提高。

——全体人民共同富裕迈出坚实步伐。初次分配中劳动者报酬占比提高，中等收入群体规模扩大，基本公共服务均等化水平提高，多层次社会保障体系更加健全。

——共同富裕体制机制初步建立。居民人均可支配收入增长与国内生产

总值增长基本同步，市场主体活力、技术数据等要素潜力、创新创业动力显著增强。

——共同富裕政策体系基本健全。脱贫攻坚成果巩固拓展，税收和转移支付体系更加合理，户籍改革和社会保障统筹取得实质性进展。

第二，到 2035 年的总体目标是：人均国内生产总值达到中等发达国家水平，促进共同富裕的体制机制基本确立，基本公共服务实现均等化，人的全面发展、全体人民共同富裕取得更为明显的实质性进展。具体目标如下：

——全民富裕生活达到新水平。人民生活更加幸福美好，国民素质和社会文明程度达到新高度，形成人与自然和谐发展的格局。

——全体人民共同富裕形成新格局。形成中等收入群体在总人口中占多数的格局，城乡区域发展差距和居民生活水平差距显著缩小。

——共同富裕体制机制基本建立。人民平等参与、平等发展和财产权利得到公平充分保障，各类要素参与分配的市场化机制全面完善。

——共同富裕政策体系更加完善。与现代化相适应的税收和转移支付体系全面建立。

第三，到 2050 年的总体目标是：我国成为生产力水平、综合国力、国际影响力领先的国家，实现共同富裕的体制机制全面建立，全体人民共同富裕基本实现。城乡差距消失，区域差距显著缩小，全民富裕生活达到新层次，人民共享更加幸福安康的生活。

第三节 民营经济健康发展目标即推进
共同富裕实现中国式现代化

改革开放以来，民营经济逐步发展壮大，成为建设中国特色社会主义的重要力量，在全面建设小康社会的过程中做出了重大贡献。民营经济健康发展目标就是推进共同富裕，实现中国式现代化。未来要创造条件，充分发挥民营经济在推动高质量发展中的巨大潜力，使之在以共同富裕为特征的中国式现代化新征程中做出更大贡献。

一、实现共同富裕需要民营经济在内的全社会力量共同努力

20 世纪 50 年代以来，特别是改革开放以来我国经济社会快速发展，从低收入国家的起点起步，先后于 1999 年和 2010 年跨入下中等收入和上中等收入行列，到 21 世纪 20 年代初，人均收入水平已相当于高收入行列门槛线的 83%，正向高收入行列冲刺。

20 世纪末我国建成了总体小康社会，之后经过 21 世纪前 20 年的努力，又实现了全面小康。在新的发展起点上，我国将全体人民共同富裕确

立为重要的发展目标。这是一个远大的目标。表现在两个方面：

第一，我国的人均收入水平还需要大幅度提高。2023 年我国人均国民收入水平尚未进入高收入国家行列，即使经过一段时间的努力进入高收入国家水平，与发达国家相比，仍然属于较低的水平，比如，我国 2023 年人均国民收入水平仅相当于美国的 1/5 左右，即使与东亚邻国日本、韩国相比，也有不小差距。

第二，我国的收入分配差距和财富分配差距，还比较大。与西欧、北欧等发达国家相比，我国的基尼系数高出不少。而且，我国还存在较大的城乡和区域差距，各地居民基本公共服务水平和生活质量之间，还有很大差距。

以共同富裕的标准加以衡量，我国还需要继续做大蛋糕，并在此过程中更加公平合理地分配蛋糕，缩小城乡和区域发展差距。这是一项系统工程，需要动员全社会力量，付出艰苦的努力。其中，民营企业是举足轻重的力量。作为 14 亿人口的大国，民营经济发展状况，决定着大部分居民就业和收入的基本面。民营经济发展得好，则居民就业机会充分，收入水平有保障，国家税收多，公共服务财力有保障；否则反之。这是改革开放以来的实践充分证明的宝贵经验。

二、民营经济已经为共同富裕作出了重大贡献

改革开放前，我国人均收入长期处于低收入国家行列，当时，虽然城

市内部、农村内部收入差距不大，但城市之间的收入差距明显。虽然全国总体的基尼系数在国际范围内比较不算太高，但当时的情况远远谈不上共同富裕，最多可以说是共同贫穷。

改革开放以来，我国经济社会快速发展，先后实现了温饱、小康和全面小康的目标。在走向全面小康的过程中，我国人均国民收入水平，先后跨过了下中等收入和上中等收入门槛，我国的收入分配差距经历了一个先拉大、后高位徘徊的过程，同时财富分配差距也逐步拉大。但是，我国社会保障体系逐步健全，公共服务覆盖面和保障水平在逐步提高，人口受教育水平和预期寿命都明显提高。可以说，和改革开放前的情况相比，全面建成小康社会是推进共同富裕历程中的重要里程碑。

从改革开放到全面建成小康社会，民营经济从小到大，逐步成长。关于目前民营经济在国民经济中的地位，有一个广为接受的"56789"的说法，即民营经济给我国贡献了五成以上的税收，六成以上的国内生产总值，七成以上的技术创新成果，八成以上的城镇就业，九成以上的企业数量。2023 年 4 月初我国登记在册民营企业突破 5000 万户，截至 5 月底达到 5092.76 万户，较 2012 年年底（1085.7 万户）增长了 3.7 倍，民营企业在企业中的占比由 79.4% 提升至 92.4%，在国民经济发展中的地位和作用进一步提升，在稳定增长、促进创新、增加就业、改善民生等方面发挥了重要作用，成为推动经济社会发展的重要力量。可以说，民营经济为全面建成小康社会和推进共同富裕作出了重大贡献。

一是民营经济创造了大量就业机会。实现共同富裕的可持续的路径，是创造充分的就业就会，将更多的人口从农村的较低生产率、较低收入的就业岗位，吸纳到城镇的较高生产率、较高收入的非农就业岗位，将更多人口从发展相对滞后、就业机会相对较少的地区，吸纳到相对发达、就业机会相对充分的地区。我国改革开放以来民营经济从劳动相对密集产业起步逐步发展，创造了大量的非农就业机会，直接带动大量人口摆脱贫困、提高收入乃至跻身中等收入行列。民营经济中不少创业创新成功的企业家、科学家、中高层管理者、技术骨干成为高收入者。

二是民营经济成为我国技术创新、产业升级和经济持续发展的强劲动能，不断壮大共同富裕的物质基础。民营企业数量占我国规模以上工业企业总量的比例大幅提升，在轻纺、食品、电子、机械等普通制造业等行业已占绝对优势，在高端制造行业也具有举足轻重的地位，在服务业中的占比也达到很高的水平。民营经济是推动我国投资增长的主要力量。民营经济提供了大量适销对路的商品和服务、大量的专利和新产品，切实推动人民群众生活质量的改善。

三是民营经济为国家贡献了大量税收。实现共同富裕，离不开政府再分配环节的税收和转移支付调节，离不开政府提供的公共服务。我国以增值税为主体的流转税体制下，民营经济为国家贡献了大量税收，壮大了国民收入再分配环节转移支付和公共服务的可用财力。

四是民营企业为三次分配作出了贡献。大量民营企业热心公益，或者自己组织实施，或者通过向慈善机构捐赠资金和物资。遇到一方有难，大量民营企业也慷慨解囊。民营经济在自身成长过程中持续助力公益事业发展，履行企业社会责任。

三、未来推动共同富裕更需倚重民营经济

在中国式现代化新征程中推进共同富裕，需要不断提高生产率和人均收入水平，需要缩小人际之间、城乡之间、区域之间的收入差距、生活水平差距，需要缩小人际之间的财富保有量差距。这些都需要更加倚重民营经济的大发展、大繁荣。

一是持续推动转型升级、提高生产率和收入水平，离不开民营经济。 经过改革开放以来 40 多年的快速发展，虽然我国自身纵向比较，人民收入水平有了巨大提升，但是整体水平仍然不高。从表 6-2 可见，2022 年我国居民五等份组中，低收入组和中间偏下收入组两个组别占全国 40% 的人口，涉及将近 6 亿人，他们的月均可支配收入仅为 1163 元。即使考虑到这些人大部分居住在相对偏远地区，物价水平较低的情况，也不难看出这样的可支配收入难以支撑体面的生活，更难以抵御各种疾病等冲击。

表 6-2　2022 年我国居民人均可支配收入（元）

	全国	城镇	农村
全国居民	36883	49283	20133
低收入组	8601	16971	5025
中间偏下收入组	19303	31180	11965
中间收入组	30598	44283	17451
中间偏上收入组	47397	61724	24646
高收入组	90116	107224	46075

资料来源：国家统计局

从横向比较角度看，我国人均国民收入虽然超过了 1 万美元，但与发达国家横向比较，仍然有巨大差距，美国超过 6 万美元，经济与合作组织国家平均超过 4 万美元，东亚的日本、韩国，我国台湾地区都超过 3 万美元。

这些事实都充分表明，我国必须创造出比发达国家更快的发展速度、更快的劳动生产率提升速度、更快的收入水平提升速度，才能提高我国的富裕程度，缩小与发达国家的差距。这越来越需要倚重民营经济去推动广泛而持久的创新和产业升级。

二是改善初次收入分配结构离不开民营经济。在提高总体富裕程度的同时提高发展成果的共享程度，虽然离不开再分配环节的税收和转移支付调节，但根本的决定因素是初次分配环节的状况。我国目前收入分配差距大，主要的决定因素也是初次收入分配中劳动者报酬占比低。长期提倡的两个同步（居民收入增长和经济增长基本同步、劳动报酬提高与劳动生产率提高基本同步）没有很好落实，两个比重（居民收入在国民收入分配中的比重，劳动报酬在初次分配中的比重）迟迟未能切实提高。从表6-3可见，我国劳动者报酬占 GDP 之比，明显低于发达国家。推进共同富裕，必须切实做到两个同步、提高两个比重。这也是畅通国内的生产—分配—交换—消费循环的根本入手点。由于目前国内就业主要是民营经济吸纳的，所以，未来改善初次收入分配格局，提高劳动者报酬占初次分配的比重，都离不开民营经济的有力行动。

表6-3　劳动者报酬占 GDP 之比（％）

	2004	2010	2015	2016	2017	2018	2019	2020
中国	51.5	51.1	51.6	51.5	51.4	51.2	51.4	50.7
美国	61.7	58.4	58.6	58.4	58.6	58.5	58.4	60.4
日本	53.9	54.5	52.6	53.2	53.2	54.6	55.6	56.9
德国	62.2	61.5	61.9	61.4	61.5	62.0	62.5	63.4
英国	58.9	59.3	55.9	55.9	55.9	55.7	56.5	60.4
法国	59.9	63.4	62.1	61.8	59.9	60.0	59.6	61.3
韩国	58.8	55.7	57.9	57.6	57.2	58.4	60.0	59.7
低收入	41.1	40.8	41.9	41.4	41.0	41.4	41.3	41.3
下中等收入	51.7	51.1	50.9	50.6	51.4	50.8	51.2	51.8
上中等收入	47.0	48.8	49.8	49.9	49.6	49.4	49.6	49.9
高收入	57.8	56.5	56.0	56.2	56.0	56.1	56.4	57.8
世界	54.0	53.2	53.0	53.0	52.9	52.7	53.0	53.8

资料来源：国际劳工组织，https：//www.ilo.org/shinyapps/bulkexplorer45/?lang=en&segment=indicator&id=SDG_1041_NOC_RT_A。

三是形成中等收入群体为主的社会结构离不开民营经济。共同富裕的含义，从经济学上讲要提高平均收入水平、缩小收入和财富差距，从社会学上讲要形成稳定的社会结构，解决大量人口处于流动人口状态的问题。否则，如果只是提高了平均收入水平、缩小了收入和财富差距，但大量人口仍然处于流动人口状态，那么，共同富裕的成色就会大打折扣。2020年第七次人口普查的结果表明，我国目前人户分离人口4.9亿，其中市辖区内人户分离1.2亿，跨省流动人口1.2亿，省内流动人口2.5亿。如果不把市辖区内人户分离视为流动人口的话，那么，2020年总的流动人口为3.7亿，也就是说，每4个人中就有一个处于跨省或省内的人户分离状态。这些人口将来如果仅仅是收入水平达到一定门槛而进入中等收入群体行列，但仍然处于人户分离的流动人口状态，不能享受常驻地的公共服务，那么很难认为这些人真正进入中等收入者行列。习近平总书记在十九届中央财经委员会第十次会议上讲话《扎实推动共同富裕》中阐述"着力扩大中等收入群体规模"时，特别分析了几方面的人群：高校毕业生是有望进入中等收入群体的重要方面；技术工人也是中等收入群体的重要组成部分；中小企业主和个体工商户是创业致富的重要群体；进城农民工是中等收入群体的重要来源。目前，这四类人群中有相当大比例处于流动人口状态。未来让这些人口在常住地稳定地定居，离不开大量的高质量就业岗位，这离不开民营经济的大发展。

四是壮大再分配和三次分配可用财力离不开民营经济。民营经济已经为我国壮大再分配和三次分配可用财力作出了巨大贡献。未来面向共同富裕的长远目标，再分配和三次分配的可用财力需要持续增长，这离不开民营经济的大发展。

四、为民营经济进一步推动共同富裕创造必要条件

未来进一步推动共同富裕离不开民营经济。但要充分发挥好民营经济在推动共同富裕中不可替代的作用，必须为民营经济创造必要的条件。

第一，要切实落实基本经济制度，以长期主义态度落实"两个毫不动摇"，在制度和法律的条文规定上和实际实施中，把对国企民企平等对待的要求落到实处。这是民营经济进一步推动共同富裕的最根本的必要条件。"两个毫不动摇"不能彻底落实，民营经济就吃不到定心丸，民营经济的投资和发展预期就不稳，这种情况下，试图以财政和货币政策刺激，都会落入"推绳子"的窘境，难以奏效。

民营经济如果吃不到定心丸，不仅不会积极地研发和创新，不会扩大国内生产经营规模，甚至有可能关厂歇业、资产外流。根据 AfrAsia Bank 发布的 "Global Wealth Migration Review" 2018、2019 和 2020 的报告，改革开放以来伴随着我国快速发展，我国高净值人群（个人净财富总值超过 100 万美元）数量增长速度全球最快。2018 年我国个人拥有的净财富，即包括财产、现金、股票、商业权益等资产价值之和扣除负债之后的净值，总规模达到 23.6 万亿美元，仅次于美国，位居全球第二，是日本的 1.2 倍。2008—2018

年期间我国个人净财富总规模累积增长130%，是全球增幅最高的国家，比印度高出34个百分点。

从个人净财富的总量与GDP的比值看，2018年我国为1.7倍，低于同期美国（3倍）、日本（3.9倍）、澳大利亚（4.2倍）、英国（3.2倍）等发达国家的水平，也低于印度（3倍）的水平，是全球个人净财富总规模最大的10个国家中比值最低的国家。

从个人净财富的绝对量看，2018年我国人均个人净财富约为1.69万美元，尚未达到2.7万美元的世界平均水平，分别相当于美国和日本的9.1%和11.2%。根据该机构的预测，我国未来个人净财富总规模将继续快速积累，到2028年将达到51.8万亿美元，超过日本、英国、德国和法国等四个发达国家之和，相对于美国的水平将由2018年的38.8%提高到届时的71.2%。

虽然我国个人净财富平均水平尚不高，但已出现富裕人群外流趋势。2018年，我国个人净财富超过百万美元的人群所拥有的财富之和占我国个人财富总规模的比重约为40%，比世界平均水平高出4个百分点，也高于同期日本24%、德国28%、韩国29%、美国36%和英国36%的水平。

2017–2019年期间，我国高净值人群（个人净财富总值超过100万美元）流出的人数规模持续增加。2019年我国高净值人群净流出1.6万人，分别比2018年和2017年增加了1000人和6000人。

2019年在全球个人净财富规模前10位的国家中，我国和印度、英国、法国同属高净值人群净流出的国家，但我国流出人数规模位居全球首位，比另外三个净流出国之和还要多 5200 人。即使按照高净值人群财富的最低标准 100 万美元来估算，不考虑间接财富，至少相当于 1600 亿美元的净财富的支配主体流出。

与我国形成对照的是，澳大利亚、美国等国家不仅个人净财富总规模较高，每年还有上万的高净值人群流入。如果我国这一净流出趋势持续甚至加剧的话，不仅会流失高质量税源，也会流失投资、中高端人才，对国内吸引投资和其他高端要素会产生负面示范效应，影响国内经济长期增长。

为此，必须全面依法治国，加强对个人合法财富的保护，打击非法和侵权行为，提高人民群众对合法财富的安全感，提高对我国自身乃至国外财富的吸引力。一是优化国内创新创业的投资环境，改善个人对在国内投资创业活动成果的可预期性，提高监管法制化、规范化、透明化水平。二是出台家族财富信托管理等方面的法律，引导更多个人财富在国内进行投资保值、增值、传承。出台强有力的包括税收政策在内的综合性政策体系，引导个人财富通过三次分配用于改善国内公共服务、生态环境或扶贫等公益事业。三是对那些已经移民国外但在国内居住超过一定期限，并且其个人财富主要是在国内从事经营和投资获得的，要等同于国内居民进行平等监管。

第二，深化改革，加快构建高水平社会主义市场经济体制。一是坚持社会主义市场经济改革方向。改革开放以来，我国建立起来的社会主义市场经济体制，把社会主义制度优越性同市场经济有机结合起来。构建高水平社会主义市场经济体制，必须始终坚持正确的改革方向，进一步激发各类市场主体活力、解放和发展社会生产力。要坚持和完善社会主义基本经济制度，既要毫不动摇巩固和发展公有制经济，也要毫不动摇鼓励、支持、引导非公有制经济发展。要营造各种所有制企业依法平等使用资源要素、公开公平公正参与竞争、同等受到法律保护的营商环境。二是构建全国统一大市场，深化要素市场化改革，建设高标准市场体系。完善产权保护、市场准入、公平竞争等市场经济基础制度，形成市场化、法制化、国际化的营商环境，使得民营经济在反垄断、公平竞争监管、获取各种生产要素、市场准入方面，享有平等待遇。

第三，要在进一步扩大高水平对外开放中壮大民营企业。通过稳步扩大制度型开放，建设更高水平开放型经济新体制，为民营企业发展壮大和参与国际竞争创造更好条件。要主动对接国际高标准市场规则体系，健全负面清单管理制度，依法保护外商投资权益。健全高水平开放法治保障，加强规则、规制、管理、标准等建设。

第四，改进政策动议、协调和实施机制。政策执行过程中的反复、起落、合成推理谬误、分解推理谬误，对民营经济影响巨大。应当汲取教训，改进政策设计，加强部门协调，把握好政策的综合效应的方向、力度和节奏。

第五，引导社会形成关于共同富裕和民营经济对推动共同富裕的重大

意义的正确认识。特别是要扭转主要依靠三次分配实现共同富裕的错误观念。在中共中央就党的十九届六中全会精神举行新闻发布会上，中央财经委员会办公室分管日常工作的副主任韩文秀指出，"关于共同富裕，习近平总书记指出，要在高质量发展中促进共同富裕，这就指明了共同富裕的实现途径和努力方向。推动共同富裕，解决发展问题是第一位的，分配问题也很重要，但不能仅仅靠分配来实现共同富裕。我国人均国内生产总值虽然已经超过1万美元，但还没有达到高收入国家的水平，即使把现在所有的国民收入全部平均分配，也还达不到共同富裕。共同富裕没有捷径，不是变戏法，必须靠14亿多中国人民艰苦奋斗来实现。""推动共同富裕，需要企业'办好自己的事'。企业家为共同富裕做贡献有多种渠道和方式，最基本的就是要做到合法诚信经营，照章纳税，履行社会责任，善待员工和客户，保护劳动者和消费者合法权益，办好自己的企业，为社会创造财富，这是企业的'本分'，也是为共同富裕做贡献的'正道'。同时，国家鼓励支持企业和企业家在有意愿、有能力的情况下积极参与公益慈善事业，这在客观上也会起到第三次分配的作用。随着我国企业不断发展壮大和更多的人富起来，加上国家激励政策的完善，我国的公益慈善事业将会迎来一个大发展。但是，慈善捐赠是自愿行为，绝不能'杀富济贫''杀富致贫'，不能搞'逼捐'，因为那不符合共同富裕的本意，也不可能达到共同富裕的目的"。

第四节　促进共同富裕的战略与政策

实现共同富裕，既需要坚实的制度保障，也需要实施一系列战略与政策，还需要加强舆论宣传引导。

一、夯实共同富裕的制度保障

实现共同富裕，必须健全一系列重要的制度。

第一，落实基本经济制度。基本经济制度是共同富裕的最根本的制度保障。要坚持和完善公有制为主体、多种所有制经济共同发展，平等保护产权，提高人们投资创业创新回报的可预期性和财产安全感，增强对财富的吸引力，激发各类市场主体活力。要坚持按劳分配为主体、多种分配方式并存，着眼于壮大中等收入群体，大幅度改善初次收入分配格局，形成企业和劳动者共生共荣的新型劳动关系和分配关系，明确限制公司高管和员工收入的中位数差距，促进效率和公平的有机统一。

第二，保障人民的自由迁徙权，彻底打破城乡二元分割体制。立足于促进"人的发展"而不是"特定地方的发展"，让人民群众享有基于自身人力资本和各地生活成本在不同区域和城乡之间灵活择业、灵活选择常住地的平等机会。将户口与公共服务享受资格相剥离，户口只承担居住信息登记功能，让人民群众在常住地平等享受基本公共服务。尽快实现社会保障体系全国统筹，为人口自由流动创造条件。立足现代化目标，明确农村土地征收、集体经营性建设用地入市、宅基地改革的长远目标，真正做到同地同权同价，为提高农民的财富保有水平提供切实的制度保障。

第三，精心设计社会保障制度和基本公共服务体系。消除因身份差别而导致的具有逆向转移支付效应的体制性安排。针对目前一些社会保障和公共服务项目存在的逆向转移支付效应，采取老人老办法、新人新办法的方式，在照顾现有利益格局基础上，降低直至完全消除逆向转移支付效应。制定明确的时间表和路线图，尽快实现社会保障体系各个项目全国统筹、城乡统筹，缩小区域、城乡、人群间社会保障待遇差距。加快国有资本填补养老金基金缺口。同时，要借鉴先进的国际经验，设计科学合理的社会保障制度和基本公共服务体系，避免养"懒汉"。

二、围绕共同富裕目标实施若干重大战略

实现共同富裕，必须实施一系列重大战略。

第一，创业就业促进战略。以充分激发人民群众的能动性、创造性为出发点，消除各种显性隐性壁垒，加快商事制度革新，降低企业注册门槛，加

快无形资产抵押融资制度改革，降低创新型企业融资成本，普遍提供公平准入机会。深化企业破产清算制度改革，为创新创业者提供足够安全的社会保障网。让人民群众中富有企业家精神和企业家才能的、富有创新精神的、热爱劳动的群体，都获得平等参与机会，实现体面的自我发展，在人生出彩的同时，对国家的富强和现代化作出贡献。

第二，**全民全生命周期人力资本提升战略**。全面贯彻预分配的理念，增加中高收入家庭在怀孕和婴幼儿养育方面开支的税收抵扣；并由国家针对低收入和贫困家庭在这些开支方面给予专项补贴，保证全体国民在生命周期起点获得基本的健康水平和认知能力。义务教育延伸到幼儿园阶段。增加医疗和教育供给，改善监管，提升人民群众的健康、基础教育和通用技能水平。建设终身学习社会，提高人民群众人力资本的韧性和对不断迭代的技术的适应性。

第三，**产业高质量发展战略**。通过政府规划引导和市场主体充分参与，加快形成现代化经济体系，实现产业高质量发展，为人民群众提供充足的创业就业机会，为再分配提供充分的财力保障，为改善民生和公共服务提供高的产出—投入比的保障手段。

第四，**区域协调发展和高质量城镇化相融合的战略**。未来缩小区域发展差距、实现区域协调发展的过程，将和缩小城乡差距、高质量推进城镇化的过程，在很大程度上统一于一个过程。要顺应这个趋势，立足于"人"而非"地"的发展，尊重人民群众的迁徙意愿，为人口和劳动力跨地区流动、城乡之间流动创造政策便利，切实推动外来人口全方位融入城市、融入常住地，享受均等公共服务。

第五，**乡村振兴战略。**在顺应人口向城镇流动和农村归并趋势的基础上，发展立足各地优势、有较高产出效益的特色产业，研发财务上可持续的乡村公共服务产品和运行模式，保障乡村居民获得与城镇居民均等的基本公共服务、相仿的生活水平和生活居住环境。

第六，**全球财富积聚战略。**面向现代化前景、面向未来，不断优化营商环境和投资环境，不断提高宜居程度，不断提升法治水平，强化对合法财产的持久性保护，出台家族财富信托管理等方面的法律，促进我国的财富信托发展，引导更多个人财富在国内进行投资保值、增值、传承，并使我国成为具有世界竞争力的企业、机构和个人财富的流入地和集聚地。在尊重财富所有人自主权的前提下，为这些财富通过三次分配用于改善国内公共服务、生态环境或扶贫等公益事业，提供政策支持和便利。

三、健全共同富裕政策体系

实现共同富裕，还需要完善多方面的政策体系。

第一，**建立高效、精准、规范、透明的二次分配体系。**健全能够调节收入和财富差距、有利于共同富裕的税种体系；根据现金往来大幅度减少的现实，充分利用大数据技术，建立精准、高效的税收征缴和转移支付体系；

建立公职人员财产申报和公开制度，堵塞权力寻租谋取违法收入和财富的途径。

第二，建立基于多维减贫理念的基本公共服务兜底政策体系。随着发展阶段提升拓宽贫困度量的维度，明确政府承担兜底责任的基本公共服务项目及待遇水平，对相对贫困人口进行多维帮扶。在继续做好农村扶贫工作的基础上，把解决城市相对贫困问题提上日程。

第三，健全促进共同富裕的软基础设施。在健全税收征管体系的同时，特别要注重加强没有纳税记录的低收入人口信息系统建设，收集身份证号码、银行账户、社保缴费信息和扶贫走访记录，发挥大数据的交叉验证功能进行动态更新，提高社区基层服务精准度和转移支付与财政资金使用效率，提高紧急情况下政府救助速度和精准性。

第四，健全党领导下的对口帮扶机制。发挥党统揽全局的体制优势，针对发展滞后的地区、乡村和人群，协调各方，科学配置资源，提高帮扶针对性和有效性，着力提高帮扶对象自我发展、持续发展的动力和能力，实现先富带后富、先富帮后富。

第五，持续提升宏观调控水平，形成合理的相对价格和大体稳定的价格总水平。把握好财产性收入和一般劳动收入的关系，降低供给弹性较小的产品和要素相对于供给弹性很大的产品和要素的价格水平，强化对创新和劳动的激励。

第六，开展全球税收协调，抑制国际间税制套利行为。减少以避税为目的的收入和财富的跨境流动，提高包括我国在内的各国转移支付的可用财力。

四、营造共同富裕的文化氛围

实现共同富裕，需要持续动员全社会各方面的力量，以"国强民共富的社会主义社会契约"营造共同富裕的文化氛围。为此，必须加强宣传引领，宣讲共同富裕是党对人民群众的庄严承诺，正确阐释共同富裕的科学内涵。倡导创新创业、守法经营、诚实劳动，倡导自立自强、公平竞争，倡导企业的社会责任，倡导互帮互助、社会关爱的社会主义个人道德。

（此文发表于《中国民商》2023年第9期，作者张少龙、刘培林，由胡建成、钱滔、黄先海、董雪兵、张天宇整理加工而成。）